HARALD WINKEL

DIE VOLKSWIRTSCHAFTSLEHRE DER NEUEREN ZEIT

ERTRÄGE DER FORSCHUNG

Band 18

HARALD WINKEL

DIE VOLKSWIRTSCHAFTSLEHRE DER NEUEREN ZEIT

1978

WISSENSCHAFTLICHE BUCHGESELLSCHAFT

DARMSTADT

CIP-Kurztitelaufnahme der Deutschen Bibliothek

Winkel, Harald
Die Volkswirtschaftslehre der neueren Zeit. — 2., durchges. Aufl. — Darmstadt: Wissenschaftliche Buchgesellschaft, 1978.
(Erträge der Forschung; Bd. 18)
ISBN 3-534-05517-9

Bestellnummer 5517-9

2., durchgesehene Auflage

Satz: Maschinensetzerei Janß, Pfungstadt
Druck und Einband: Wissenschaftliche Buchgesellschaft, Darmstadt
Printed in Germany
Schrift: Linotype Garamond, 9/11

ISBN 3-534-05517-9

INHALT

VORWORT

Diese den wichtigsten Kapiteln dogmenhistorischer Forschung der jüngsten Vergangenheit gewidmete Zusammenstellung kann keine kritische Auseinandersetzung mit den Ergebnissen bisheriger Arbeit sein, obwohl gerade die Nationalökonomie des ausgehenden 19. Jahrhunderts in manchen Aussagen unter dem Lichte unserer heutigen Erkenntnis überprüft werden müßte. Ziel dieses Buches ist vielmehr, dem dogmenhistorisch, aber gerade auch dem theoretisch Interessierten den Einstieg in eine Materie zu erleichtern, die ob ihrer Vielschichtigkeit und gegenseitigen Verzahnung oft unüberblickbar scheint. Moderne Theorie läßt sich nicht betreiben ohne Kenntnis der Herkunft dessen, was gemeinhin als „gesicherter Bestandteil" der Nationalökonomie betrachtet wird. Die richtige Einschätzung des eigenen Standpunktes, die Fähigkeit, neue Ideen kritisch zu analysieren, kann aus der historischen Entwicklung des eigenen Faches am besten erkannt werden.

Eine dogmengeschichtliche Darstellung der neueren Zeit läuft Gefahr, Theorien und Überlegungen als Historie einzustufen, die noch keineswegs ausdiskutiert, in ihrem Gesamtumfang noch nicht Geschichte geworden sind. Hinzu kommt, daß in der heute so vielseitig ausgeprägten Nationalökonomie sich keine scharf zu trennenden Schulen oder Richtungen mehr feststellen lassen; die Arbeit einzelner Forscher greift weit stärker ineinander über, als dies früher der Fall war. Zeit und Raum erlauben es daher nicht, jede der angeschnittenen Fragen bis in die Gegenwart zu verfolgen, doch wird der interessierte Leser leicht den Übergang von bereits dogmenhistorischer zur zeitgenössischen Literatur finden. So konnten z. B. theoretisch-mathematische Erklärungen des Pareto-Optimums, der Substitutionswirkungen, des Multiplikator-Modells oder der Konjunktur- und Wachstumsmodelle von Samuelson, Hicks und Solow nicht ausführlich dargestellt werden ohne Gefahr zu laufen, den Band zu einer Darstellung des gegenwärtigen Standes nationalökonomischer Theorie werden zu lassen. Ein Rückgriff auf Lehrbücher der Theorie wird hier für den Leser unumgänglich werden.

Die zu einzelnen Bereichen angegebene Literatur soll für ein vertiefendes Studium erster Anknüpfungspunkt sein. Sie stellt lediglich eine Auswahl dar, und es ist unerläßlich, auf die vorhandenen Lehr- und Handbücher zur Dogmengeschichte zurückzugreifen. Die im folgenden zusammengestellte Übersicht, auf deren Titel in Form von Kurzzitaten Bezug genommen wird, enthält vor allem solche Werke, die möglichst weit an die Gegenwart nationalökonomischer theoretischer Forschung heranführen. Neben der gerafften Darstellung eines Lehrbuches sollte jedoch immer auch die Originalliteratur herangezogen werden.

Lehrbuchliteratur:

Kruse, Alfred, Geschichte der volkswirtschaftlichen Theorien, 4. Aufl., Berlin 1959.

Montaner, Antonio (Hrsg.), Geschichte der Volkswirtschaftslehre, Köln/Berlin 1967.

Salin, Edgar, Politische Ökonomie, Geschichte der wirtschaftspolitischen Ideen von Platon bis zur Gegenwart, 5. erw. Aufl. der Geschichte der Volkswirtschaftslehre, Tübingen/Zürich 1967.

Schachtschabel, Hans G., Geschichte der volkswirtschaftlichen Lehrmeinungen, Stuttgart/Düsseldorf 1971.

Schmölders, Günter, Geschichte der Volkswirtschaftslehre. Wiesbaden 1961.

Stavenhagen, Gerhard, Geschichte der Wirtschaftstheorie, 4. Aufl., Göttingen 1969.

Zimmerman, Louis J., Geschichte der theoretischen Volkswirtschaftslehre, 3. durchges. Aufl., Köln 1967.

Folgende *Abkürzungen* bedeuten:

HdSt	=	Handwörterbuch der Staatswissenschaften
HdSW	=	Handwörterbuch der Sozialwissenschaften
Zeitschr. f. Nat.	=	Zeitschrift für Nationalökonomie
Jahrb. f. Nat. u. Stat.	=	Jahrbücher für Nationalökonomie und Statistik
Jahrb. f. Sozialw.	=	Jahrbuch für Sozialwissenschaften

I. DIE GRENZNUTZENSCHULE

1. Die Rückbesinnung auf den Nutzen der Güter

Während der Historismus in der Nationalökonomie unter Vernachlässigung der ökonomischen Theorie in der zweiten Hälfte des 19. Jahrhunderts seinen Höhepunkt erreichte, begann gleichzeitig der Versuch, von anderen wissenschaftstheoretischen Grundlagen ausgehend, die offenbar in historischer Beschreibung verharrende Wirtschaftswissenschaft der Historischen Schule zu ersetzen oder zumindest durch andere mögliche Verfahren der Forschung zu ergänzen. Die Ergebnisse der hier einsetzenden Neuorientierung sollten Forschungsweise und Operationsfeld der Wirtschaftswissenschaft entscheidend verändern.

Ausgehend von der neubegründeten Erfahrungswissenschaft Psychologie tritt die subjektive Wertlehre in den Mittelpunkt der Betrachtung. Beurteilten Klassiker und Sozialisten den Wert eines Gutes nach den Kosten oder der aufgewendeten Arbeit (objektive Wertlehre), so wird jetzt der Wert eines Gutes von den subjektiven Nutzenschätzungen der individuellen Bedürfnisbefriedigung abgeleitet. Sind aber solche subjektiven Nutzenschätzungen Grundlage des ökonomischen Wertes, lassen sich keine absoluten Werturteile mehr fällen, der Wert ist veränderlich, je nach den höchstpersönlichen Nutzenvorstellungen. Die menschlichen Bedürfnisse werden damit zum Bestimmungsfaktor des Gebrauchswertes eines Gutes:

Die neuartige Grundlage dieser Lehre bietet die Zerlegung der Bedürfnisse und Güter in Teilquantitäten; den Wert eines Gutes bestimmt die letzte Teilmenge, die noch zur Befriedigung eines Bedürfnisses herangezogen wird, ihr sogenannter Grenznutzen; so kommt neben der individuellen Nutzenschätzung des Verbrauchers die vorhandene Menge des Gutes ins Spiel.[1]

Auch die Klassiker hatten neben dem objektiven Tauschwert der Güter bereits einen subjektiven Gebrauchswert gekannt, jedoch nahmen die Klassiker diesen auf der Nützlichkeit eines Gutes beruhenden Gebrauchswert nicht als Grundlage ihrer Wertbestimmung, weil die Nützlichkeit und damit der Gebrauchswert von bestimmten Produkten am Markt sehr gering bewertet wird, obwohl sie außerordentlich hoch sein kann:

Dinge, die den größten Gebrauchswert haben, haben oft wenig oder keinen Tauschwert und umgekehrt haben andere oft den größten Tauschwert, aber wenig oder keinen Gebrauchswert. Nichts ist brauchbarer als Wasser, aber es läßt sich dafür kaum etwas kaufen, kaum etwas dafür im Tausch erhalten. Ein Diamant dagegen hat beinahe gar keinen Gebrauchswert, doch ist oft eine Menge anderer Güter im Tausch zu erhalten.[2]

Nützlichkeit sei zwar jedem Gut immanent, jedoch könne sie nicht als Basis ökonomischer Betrachtung gewählt werden. So scheiterte die Klassik an diesem sogenannten 'Wertparadoxon' und ließ sich allein von der objektiven Knappheit aller Güter und dem durch sie bestimmten Tauschwert leiten.

Gerade dieses 'Wertparadoxon' wird nun zum Ausgangspunkt der neuen Grenznutzentheorie. Der Wert eines Gutes ist für sie ausnahmslos eine subjektive Größe, untrennbar an die Dringlichkeit eines Bedürfnisses des einzelnen Wirtschaftssubjektes geknüpft. Je mehr, je wichtigere und intensivere Bedürfnisse ein Gut befriedigen kann, um so höher wird es eingeschätzt. Jedes Werturteil drückt damit die Beziehungen zwischen einem Gut und der Bedürfnisskala der bewertenden Menschen aus.

[1] Schmölders, Günter, Geschichte der Volkswirtschaftslehre, Wiesbaden 1961, S. 82.

[2] Smith, Adam, Der Reichtum der Nationen, Bd. 1, Leipzig 1910, S. 16.

Andererseits bringt die als Reaktion auf die historisch-soziologische Betrachtungsweise versuchte Wiederanknüpfung an die Klassik der Nationalökonomie, wenn auch unter anderen Vorzeichen, in der Grenznutzentheorie die abstrakt-deduktive Forschungsweise erneut zur Geltung. Nicht nur, daß erste Vertreter der subjektiven Wertlehre gleichzeitig bedeutende Mathematiker oder Naturwissenschaftler waren (GOSSEN, BERNOULLI, BUFFON), auch die Berechnung des Grenznutzens selbst ließ sich kaum mit der von der Historischen Schule propagierten historisch-induktiven Methode erreichen. So nahm die Grenznutzenschule die von Romantik und Historismus unterbrochene Tradition der klassischen Nationalökonomie wieder auf, wenngleich sie sich gerade in Deutschland gegenüber dem gefestigten Historismus nur langsam durchzusetzen vermochte.

Mag von Zeitgenossen die subjektive Wertlehre auch als „wissenschaftliche Revolution" [3] empfunden worden sein, ihre theoretische Ausbildung reicht bis ins 16. Jahrhundert zurück — will man nicht gar ARISTOTELES, der bereits den Unterschied zwischen Gebrauchs- und Tauschwert herausstellte, als Ansatzpunkt wählen.[4]

Eine erste Betrachtung des subjektiven Wertes findet sich bei Bernardo DAVANZATI (1529—1606), Hauptwerk: ›Lezione delle Monete‹ (1588) und Geminiano MONTANARI (1633—1687), Hauptwerk: ›La zecca in consulta di stato tratato mercantile‹ (1683/87).

Die erste Lösung des Wertparadoxon brachte Fernando GALIANI (1728—1787), Hauptwerk: ›Della Moneta‹ (1751), der in seiner Wertlehre Nützlichkeit und Knappheit als wertbestimmende Faktoren herausstellte: Güter mit nur geringem Nutzen zur Bedürfnisbefriedigung können trotzdem einen hohen Wert haben, wenn sie knapp sind, umgekehrt werden für die subjektive Bedürfnisbefriedigung sehr nützliche Güter nur geringen Wert haben, wenn sie in großer Menge vorhanden sind. Nach Antonio GENOVESI (1712—1769), Hauptwerk:

[3] Kruse, Alfred, Geschichte der volkswirtschaftlichen Theorien, 4. Aufl., Berlin 1959, S. 182.

[4] Zur historischen Entwicklung der subjektiven Wertlehre vgl. Stavenhagen, Gerhard, Geschichte der Wirtschaftstheorie, 4. Aufl., Göttingen 1969, S. 227 ff.

›Lezioni di Economia Civile‹ (1766), George Louis-Leclerc BUFFON (1707—1788), Hauptwerk: ›Sämtliche Werke samt den Ergänzungen nach der Klassifikation von G. Cuvier‹, 9 Bde., Köln 1837/1840; insbesondere Bd. 4 ›Allgemeine Gegenstände‹, 1840, und Jean-Joseph Louis DE GRASLIN (1727—1790), Hauptwerk: ›Essai analytique sur la richesse et sur l'impôt‹ (1767) hat sich Etienne DE CONDILLAC (1715 bis 1780), Hauptwerk: ›Le Commerce et le gouvernement‹ (1766) mit der Wertlehre befaßt und die subjektive Einschätzung der Nützlichkeit und Verfügbarkeit eines Gutes durch die Wirtschaftssubjekte als Grundlage der Wertbestimmung bezeichnet. Auch bei Anne Robert Jaques DE TURGOT (1727—1781) und Cesare BECCARIA (1738—1794) finden sich Ansätze einer subjektiven Werttheorie.

Zahlreiche deutsche Nationalökonomen, die als Vertreter der klassischen Lehre oder der Historischen Schule gelten, haben sich ebenfalls mit dem Gebrauchswert und seinen subjektiven Bestimmungsgründen befaßt. Die Schriften von Johann Friedrich Eusebius LOTZ (1771—1838), Julius VON SODEN (1754—1831), Gottlieb HUFELAND (1760—1817), Bruno HILDEBRAND (1812—1878) oder Eberhard FRIEDLÄNDER liefern Zeugnis davon.

Deutlichen Einfluß auf die Entwicklung der subjektiven Wertlehre hatten Daniel BERNOULLI (1700—1782) und Jeremy BENTHAM (1748 bis 1822). Aufbauend auf dem von dem Mathematiker BERNOULLI entwickelten Prinzip, wonach der aus einem beliebig kleinen Gewinn erwachsende Vorteil zum bereits vorhandenen Vermögen umgekehrt proportional sei, hat Friedrich Benedikt Wilhelm VON HERMANN (1795—1868), Hauptwerk: ›Staatswirtschaftliche Untersuchungen‹ (1832), den Satz aufgestellt, der relative Wert eines Gutes verhalte sich für ein Wirtschaftssubjekt umgekehrt wie dessen Zahlungsfähigkeit für dieses Gut.

Die Wertbestimmung durch Bezugnahme auf die subjektive Bedürfnisbefriedigung des einzelnen konnte somit bereits auf eine lange Geschichte zurückblicken, bevor sie eine eindeutige, der späteren Grenznutzenschule vorgreifende Formulierung in den Arbeiten von Etiénne Juvénal DUPUIT (1804—1866), Hauptwerke: ›De la mesure de l'utilité des travaux publics‹ (1844) und ›De l'influence des péages sur l'utilité des voies de communication‹ (1849), Richard JENNINGS, Hauptwerk: ›The natural elements of political economy‹ (1855) und Hermann Heinrich GOSSEN (1810—1858), Hauptwerk: ›Entwicklung der Gesetze des menschlichen Verkehrs und der daraus fließenden

Regeln für menschliches Handeln« (1854) fand. Der Techniker Dupuit analysiert die Gründe unterschiedlicher Nutzenschätzungen und entwickelt daraus eine Theorie der Preisdifferenzierung, der Mathematiker Gossen liefert dann eine geschlossene Begründung der subjektiven Wertlehre.

2. *Die Gossenschen Gesetze*

Gossens Werk war der Versuch, die Mathematik zur Grundlage der Nationalökonomie zu machen. Er hoffte, „die Kraft und das Gesetz ihrer Wirksamkeit zu entdecken, welche das Zusammenleben der Menschen möglich macht".[5] Die hohen Erwartungen Gossens von seiner Arbeit sind zeitbedingt zu erklären: Das Aufkommen des Sozialismus und seine Kritik am behaupteten harmonischen Nebeneinander von abhängiger Lohnarbeit und kapitalistischem Privateigentum zwangen nach einer neuen Begründung der Nationalökonomie zu suchen. Mit einer unpolitischen, individualistischen und psychologisch motivierten Wertlehre glaubte Gossen diese Aufgabe zu erfüllen. Doch blieb sein Buch bis über seinen Tod hinaus völlig unbeachtet und erst die eigentliche Grenznutzenschule sollte zwei Jahrzehnte später seine Arbeit zu schätzen wissen.

Gossen stellt die Nationalökonomie als Genußlehre dar, die die Aufgabe habe, den Menschen in ihrer Abhängigkeit von der Knappheit der Güter den höchstmöglichen Genuß zu schaffen, d. h. die Nationalökonomie wird zur pragmatischen Disziplin. Beim Versuch, die psychologischen Antriebe beim wirtschaftlichen Verhalten am Markt mathematisch exakt zu erfassen, gelangt Gossen zu zwei Gesetzen[6]:

[5] Gossen, Hermann Heinrich, Entwicklung der Gesetze des menschlichen Verkehrs und der daraus fließenden Regeln für menschliches Handeln, Braunschweig 1854. Hier Vorwort von Friedrich A. von Hayek zur 3. Aufl., Berlin 1927.

[6] Abay-Neubauer, Julius, Eine Untersuchung der Gossenschen Gesetze, in: Zeitschr. f. Nat., Bd. 23, 1963.
Riedle, Hermann, Hermann Heinrich Gossen 1810—1858. Ein Wegbereiter der modernen ökonomischen Theorie, Winterthur 1953.

„Die Größe eines und desselben Genusses nimmt, wenn wir mit der Bereitung des Genusses ununterbrochen fortfahren, fortwährend ab, bis zuletzt die Sättigung eintritt.“ Übersättigung wird schließlich in Widerwillen umschlagen. Je mehr Wasser einem Verdurstenden zur Verfügung gestellt wird, um so geringer wird seine Nutzenschätzung. Damit wird auch erklärt, warum Ubiquitäten, freie, im Übermaß vorhandene Güter, keinen Wert haben.

„Der Mensch, dem die Wahl zwischen mehreren Genüssen freisteht, dessen Zeit (oder Einkommen) aber nicht ausreicht, alle vollaus zu bereiten, muß, wie verschieden auch die absolute Größe der einzelnen Genüsse sein mag, um die Summe seines Genusses zum Größten zu bringen, bevor er auch nur den größten sich vollends bereitet, sie alle teilweise bereiten, und zwar in einem solchen Verhältnis, daß die Größe eines jeden Genusses (Genußgrad) in dem Augenblick, in welchem seine Bereitung abgebrochen wird, bei allen noch die gleiche bleibt.“ — Jeder Geld- oder Güterzuwachs soll danach im Interesse einer Nutzenmaximierung der Befriedigung anderer Bedürfnisse zugeführt werden, damit möglichst alle Bedürfnisse bis zur selben Intensitätsstufe befriedigt werden können, d. h. das Nutzenmaximum ist dann erreicht, wenn die letzte verwendete Geld- oder Zeiteinheit in allen möglichen Verwendungszwecken den gleichen Nutzen stiftet.

Diese beiden Gesetze und die teilweise in scharfsinniger mathematischer Abhandlung von Gossen entwickelte Theorie des Grenznutzens bringen eine völlige Umgestaltung der Wertlehre im subjektiven und psychologischen Sinn. Die alte Kostenlehre wird ersetzt durch eine Nutzentheorie, die klassische Preistheorie wird in der Weise modifiziert, daß nicht allein Angebot und Nachfrage Erklärungsursache sind, sondern daß Angebot und Nachfrage nun selbst in die individuelle Nutzenschätzung der Anbieter und Nachfrager zerlegt werden.

Die Weiterführung der Gossenschen Arbeiten in der Grenznutzenschule führt dazu, daß auch die Gesetze der Einkommensverteilung mit Hilfe des Grenznutzens neu gefaßt werden: Der Arbeitslohn richtet sich nicht mehr nach den Reproduktionskosten der Arbeit, sondern nach der letzten bei der Produktion noch eingesetzten Arbeitsmenge (Grenzleistungsfähigkeit der

Arbeit), der Zins wird aus dem Sammelbegriff Profit herausgelöst und konsequent als das Äquivalent für die Grenzleistungsfähigkeit des Kapitals aufgefaßt, die Grundrente schließlich wird als Spezialfall eines allgemeinen Rentenbegriffes gesehen, wobei sich Renten aus der größeren Leistungsfähigkeit im Vergleich zu konkurrierenden weniger leistungsfähigen Wirtschaftseinheiten, die jedoch zur Befriedigung des Gesamtbedarfs noch nötig sind, ergeben.

3. Die einzelnen Richtungen der Grenznutzenschule

Nach den zunächst in Vergessenheit geratenen Arbeiten von Gossen wurde die Grenznutzenlehre nach 1870 gleichzeitig und auch unabhängig voneinander von drei Nationalökonomen entwickelt, deren jeder Begründer einer eigenen Richtung wurde. In Österreich war es Carl Menger (1840—1921), Hauptwerk: ›Grundsätze der Volkswirtschaftslehre‹ (1871), in England William Stanley Jevons (1835—1882), Hauptwerk: ›Theory of Political Economy‹ (1871) und in der Schweiz Leon Walras (1834—1910), Hauptwerk: ›Eléments d'économie politique pure‹ (1874). Bei allen Forschern steht das deduktive Erkenntnisverfahren, d. h. Abstraktion und Isolierung, im Vordergrund. So wie sich Gossen bereits einer mathematischen Darstellung bediente, sollte von nun an diese Arbeitsweise zum festen Bestandteil nationalökonomischer theoretischer Forschung werden. Damit ist das Lehrgebäude der Grenznutzenschule abstrakter als jedes vorangehende wirtschaftstheoretische System, noch stärker als die Klassik ist es kausalmechanisch orientiert, zielt es darauf ab, sämtliche Wirtschaftserscheinungen auf die Formel von Ursache und Wirkung zu bringen.

A. Die Österreichische oder Wiener Schule

1. Ursprung

Begründer dieser Richtung ist der Wiener Nationalökonom Carl MENGER, in Deutschland als Gegner von Gustav VON SCHMOLLER (1838—1917) im sog. 'Methodenstreit' bekannt geworden. Die Auseinandersetzung ging um die Notwendigkeit einer systematischen Theorie. MENGER vertrat das abstrakt-deduktive Vorgehen seiner Grenznutzentheorie gegen die historisch-induktive Verfahrensweise der historischen Schule unter VON SCHMOLLER.[7] Den größten Teil seiner wissenschaftlichen Lebensarbeit widmete MENGER methodologischen Fragen auf der Suche nach jenen vom menschlichen Willen unabhängigen Erscheinungen, die das wirtschaftliche Handeln im Ergebnis mitbestimmen: den Kausalgesetzen der ökonomischen Theorie. Ansatzpunkt des für MENGER unabdingbaren systematischen theoretischen Arbeitens sind die menschlichen Bedürfnisse, sie bestimmen das Wirtschaften der Menschen. Der Wert eines Gutes muß an seiner Eigenschaft Bedürfnisse zu decken gemessen werden. Dabei spielt der vorhandene Gütervorrat die Rolle, daß der Wert aller dieser Güter sich nach dem Nutzen der letzten Einheit richtet, die der Mensch noch zur Befriedigung eines Bedürfnisses benötigt. Damit wird der Grenznutzen exakt beschrieben, diese Bezeichnung selbst jedoch von MENGER noch

[7] Vgl. Menger, Carl, Untersuchungen über die Methode der Sozialwissenschaften und der politischen Ökonomie insbesondere, Leipzig 1883. — Ders., Die Irrtümer des Historismus in der deutschen Nationalökonomie, Wien 1884.
Ritzel, Gerhard, Schmoller versus Menger. Eine Analyse des Methodenstreits im Hinblick auf den Historismus in der Nationalökonomie, Offenbach 1951.
Dobretsberger, Josef, Zur Methodenlehre Carl Mengers und der österreichischen Schule, in: Neue Beiträge zur Wirtschaftstheorie, Festschrift für Hans Mayer, Wien 1949.

nicht verwandt. MENGER konnte mit diesem Grenznutzenprinzip zunächst nur den Wert der 'Güter erster Ordnung' (Verbrauchsgüter) erklären; um auch den Wert der 'Güter zweiter Ordnung' (Rohstoffe, Halbfabrikate usw.) und 'Güter höherer Ordnung' (Boden, Arbeit, Kapital)[8] zu erklären, mußte ein völliger Bruch mit den geltenden klassischen Lehren vollzogen werden: Dort war der Wert eines Verbrauchsgutes die Folge des Wertes der Produktivgüter: Textilien waren wertvoll, weil ihre Herstellung Kosten verursacht hatte. MENGER geht den umgekehrten Weg: Der Wert (Nutzen) der Verbrauchsgüter ist entscheidend für den Wert der Produktivgüter. Ein zur Bedürfnisbefriedigung nutzloses Gut wird nicht deshalb wertvoll, weil es mit teueren Werkzeugen und Rohstoffen hergestellt wurde. Das Problem besteht nun darin, den Wert der Produktivgüter aufgrund des Nutzens der mit ihnen hergestellten Produkte zu ermitteln, denn es wird zur Produktion stets eine Verbindung von Produktivgütern eingesetzt, die in gewissem Umfang gegenseitig austauschbar sind, ohne daß der Produktionszweck leidet (Substitutionalität der Produktionsfaktoren). Fehlt eines dieser Produktivgüter, kann der Produktionszweck nicht erreicht werden, der Wert aller übrigen Produktivgüter wird zurückgehen. Der Wert des weggefallenen Produktivgutes muß der Differenz zwischen dem Wert der mit der ursprünglichen und der mit der neuen Produktionsgüterkombination hergestellten Verbrauchsgüter entsprechen (Verlustgedanke). Mit der Aussage, der Wert einer Produktivgüterkombination sei gleich dem Grenznutzen der damit erzeugten Verbrauchsgüter, ist nicht geklärt, ob und wie es möglich ist, aus dem gemeinsamen Resultat der Produktivgüter den Wert eines einzelnen Produktivgutes auszusondern und exakt zu bestimmen. In welchem Verhältnis ist der Wert der Erzeugung den einzelnen beteiligten Produktivgütern zuzurechnen (Zurechnungstheorie)? MENGERS These vom Ausfall eines Gutes (Verlusttheorie) übersieht, daß bei der Kombination von zwei unersetzlichen Produktivgütern, alternativ jedem der

[8] Diese Klasseneinteilung findet sich bereits bei Gossen.

gesamte Wert zugerechnet werden muß, was bei gleichzeitigem Einsatz dann einen doppelten Wert ergäbe.

Ausgehend von der Wertlehre kommt MENGER zu einer Preistheorie, die sich an einem einheitlichen Prinzip, dem Nutzen, orientiert. Auf Grund der unterschiedlichen subjektiven Wertschätzungen wird es zu einem Tausch von Gütern kommen, bei dem jeder Tauschpartner die zu erwerbenden Güter höher einschätzt als die, die er hinzugeben bereit ist. Die Menge eines Tauschgutes, die bei dem einzelnen Tauschpartner rein subjektiv der Menge des anderen Gutes äquivalent ist, bestimmt die Preisgrenze. Neben dem isolierten Tausch ('Zwei-Mann-Markt') hat MENGER auf gleiche Weise die Preisbildung im Wettbewerb erklärt, er hat weiter die Marktform des Monopols und sein Verhalten klar erkannt sowie die Möglichkeit der Preisdifferenzierung erörtert. Er greift damit der in Anlehnung an COURNOT entwickelten Preistheorie EDGEWORTH' voraus (s. dort).

Zur Erklärung des Zinses entwickelt MENGER eine eigene Nutzentheorie, wonach durch die Verfügung über Kapital für einen bestimmten Zeitraum ein Anspruch auf Beteiligung am Wert des damit hergestellten Produktes entsteht.

Auch in der Geldlehre beginnt sich mit MENGER eine neue Richtung abzuzeichnen. Grundsätzlich noch am Stoffwert des Geldes (Metallismus) festhaltend, erkennt MENGER deutlich die Funktion als Tauschmittel (funktionale Geldtheorie), die dann bei VON WIESER und VON MISES weiter ausgebaut wird.[9]

2. *Weiterentwicklung*

Die Bedeutung MENGERS als Begründer einer neuen Denkrichtung zeigt sich in der Weiterentwicklung seiner theoretischen Ansätze bei Schülern und Anhängern:

[9] Menger, Carl, Art.: Geld, in: HdSt, 4. Aufl., Bd. IV, Jena 1909. — Ders., Grundsätze der Volkswirtschaftslehre, Wien 1871.

Eugen VON BÖHM-BAWERK (1851—1914) strebt nach einer 'reinen Ökonomie', die alle sozialen Fragen ausschaltet. Die Forschung habe sich auf diese reine ökonomische Theorie zu konzentrieren, da die Gesetze der Wirtschaft stets stärker sind als jedes politische Machtgebot; auch die positive Rechtsordnung könne sich über diese Grundtatsache ökonomischer Zusammenhänge nicht hinwegsetzen.[10] Dem Ausbau der Grenznutzenschule diente VON BÖHM-BAWERK durch die Vertiefung verschiedener Teilprobleme[11], z. B. der Frage nach der Bewertung eines Gütervorrats. Nach seiner Auffassung ergibt sich dieser Wert aus der Addition der unterschiedlich bewerteten Teil- oder Grenznutzen, wobei jede den Vorrat vermehrende Einheit einen niedrigeren Teilnutzen als die vorhergehende hat.[12] Dabei war VON BÖHM-BAWERK stets überzeugt, daß sich Nutzen und Grenznutzen ziffernmäßig festhalten ließen, also die absolute Höhe eines Bedürfnisses zu bestimmen sei. Die Leistungen VON BÖHM-BAWERKS zur theoretischen Weiterbildung von Zurechnungs- und Preistheorie sowie als Zins- und Kapitaltheoretiker sind dort besonders zu erwähnen.

Friedrich Frh. VON WIESER (1851—1926) betonte im Gegensatz zu VON BÖHM-BAWERK — und auch MENGER —, die theoretische Volkswirtschaftslehre dürfe politische und gesellschaftliche Daten und Zeitprobleme nicht vernachlässigen[13], die Lehre der Grenznutzenschule sollte sich einer Verifizierung von der Politik her öffnen. Seine Hauptarbeit galt dem Aufbau eines

[10] v. Böhm-Bawerk, Eugen, Macht oder ökonomisches Gesetz?, in: Zeitschr. f. Volksw., Bd. 23, Wien 1914.
Ferner: v. Wieser, Friedrich, Das Gesetz der Macht, Wien 1926.

[11] Vgl. v. Böhm-Bawerk, Eugen, Grundzüge der Theorie des wirtschaftlichen Güterwertes, in: Jahrb. f. Nat. u. Stat., N.F., Bd. 13, 1886.

[12] Anders v. Wieser, s. d.; dagegen wird die Lösung von anderen Zweigen der Grenznutzenschule übernommen: Schumpeter, Pareto, Walras, Jevons.

[13] Vgl. v. Wieser, Friedrich, Theorie der gesellschaftlichen Wirtschaft, Tübingen 1914.

geschlossenen, theoretischen Lehrsystems, er prägte die Bezeichnungen 'Grenznutzen' und 'Zurechnung', wies den Zusammenhang von Kosten und Grenznutzen nach (sog. 'Wiesersches Gesetz', wonach die Kosten dem in einer bestimmten alternativen Verwendung erreichbaren Nutzen entsprechen)[14] und stellte in den Mittelpunkt seiner Betrachtungen immer wieder das Problem, nach welchen ökonomischen Gesetzmäßigkeiten der Produktionsertrag den an seiner Entstehung beteiligten Produktionsfaktoren zugerechnet wird[15].

Bei der Frage nach dem Wert eines Gütervorrats widerspricht von Wieser der Lösung Böhm-Bawerks, er will den Wert durch Multiplikation des Grenznutzens der letzten Einheit mit der Zahl aller vorangehenden Einheiten ermitteln.[16] Damit ist die letzte Teilmenge stark wertbestimmend, je größer die Gütermenge, desto geringer wird ihr Grenznutzen. In seinen methodologischen Ansichten war von Wieser, wie auch schon von Böhm-Bawerk, toleranter als Menger. Gleichwohl wollte er das abstrakt isolierende Verfahren zu einer „idealisierenden Analyse" ausbauen, um neben der Wahrheit auch den Sinn eines wirtschaftlichen Phänomens zu erfassen. Über dieses 'idealisierte' Verfahren soll der einzelne Mensch in die Lage versetzt werden, seine wirtschaftlichen Motive und den Nutzeffekt seines Handelns zu kontrollieren. Anklänge an den 'Idealtyp' Max Webers und an Werner Sombarts 'verstehende Nationalökonomie' sind unverkennbar.

Eugen Freiherr von Philippovich (1858—1917), ein in Freiburg und Berlin lehrender Österreicher, wird erster Vertreter der Wiener Schule außerhalb Österreichs. Sein Hauptwerk ›Grundriß der politischen Ökonomie‹ (1893) wird zum vielbe-

[14] Vgl. dazu v. Wieser, Friedrich, Die österreichische Schule und die Werttheorie, in: Gesammelte Abhandlungen, hrsg. von F. A. von Hayek, Tübingen 1929.

[15] v. Wieser, Friedrich, Über den Ursprung und die Hauptgesetze des wirtschaftlichen Wertes, Wien 1884.

[16] v. Wieser, Friedrich, Der natürliche Wert, Wien 1889.

achteten Lehrbuch der Grenznutzenschule und trägt zur Verbreitung ihrer Gedanken bei.

Bedingt ist der Schwede Knut WICKSELL (1851—1926) der Grenznutzenschule zuzurechnen, insbesondere durch die Fortentwicklung der schon VON BÖHM-BAWERK beschäftigenden Zinstheorie.

Schließlich ist Ludwig VON MISES (geb. 1881) zu nennen, der in seiner Preistheorie ähnlich MENGER und VON BÖHM-BAWERK eine reine Ökonomie zu verwirklichen suchte und alle sozialen, politischen und religiösen Motive, die eine Preisbildung beeinflussen, als 'Destruktionismus' auszuschalten suchte.

3. Einzelprobleme

a) Die Zurechnungstheorie

Bei der Bewertung von Produktivgütern nach ihrem Grenznutzen, ergab sich das Problem, wie der aus dem Grenznutzen abgeleitete Wert von Konsumgütern nun den Produktivgütern zuzurechnen sei, zumal bei der Produktion stets mehrere Produktivgüter in unterschiedlichem Maße beteiligt waren. MENGER glaubte diese Frage mit seiner bereits bei GOSSEN vorgezeichneten Verlust- oder Ausfalltheorie zu lösen.

VON BÖHM-BAWERK unterteilt die komplementären Produktivgüter in ersetzbare und unersetzbare. Bei ersetzbaren wird der Wert durch den Substitutionsnutzen bestimmt, d. h. er richtet sich nach dem Nutzen, den das Ersatzgut in seiner ursprünglichen Verwendung hatte (Substitutionstheorie). Ist ein Gut unersetzbar, scheitert durch seinen Verlust die Produktionsmöglichkeit überhaupt, so muß diesem Gut der gesamte Wert der Produktion zugerechnet werden.

Offen bleibt hierbei, wovon der Substitutionsnutzen abhängt; auch er müßte ja in der ursprünglichen Produktivgüterkombination bestimmt werden. Auch ist wenig realistisch, daß Produktivgüter in alternativen Produktivgüterkombinationen auf Dauer sehr unterschiedliche Werte haben sollen; die konkurrierende

Verwendung tendiert dahin, daß das Gut in allen Verwendungszwecken schließlich den gleichen Grenzwert erhält. Die Zurechnungsproblematik wird hier nicht gelöst, sondern lediglich verlagert. Ebenso ist für den Fall, daß mehrere Produktivgüter unersetzbar sind, nicht gesagt, wie der Gesamtertrag nun aufzuteilen ist; eine gleiche Zurechnung würde den Gesamtwert des Produktes übersteigen.

Von Wieser sucht mit einer 'Theorie der Gleichungssysteme' das Zurechnungsproblem zu lösen. Mit einem System simultaner Produktionsgleichungen will er die Vielzahl möglicher Produktivgüterkombinationen erfassen und mit Hilfe der Werte der erzeugten Mengeneinheiten die Werte der Produktivgüter errechnen.[17] Wie bei von Böhm-Bawerk wird nach ersetzbaren und unersetzbaren Produktivgütern unterschieden: Bei ersteren läßt sich der 'produktive Beitrag', d. h. ihr Wert, durch „gemeine Zurechnung", durch Vergleich ihrer Mitwirkung in den einzelnen Produktionskombinationen nach dem aufgestellten Gleichungssystem ermitteln. Bei letzteren wird durch die „spezifische Zurechnung" ein verbleibender Restbetrag zugerechnet.

Abgesehen von der praktischen Unmöglichkeit, die ganze Vielfalt der Produktion, die technische Effizienz einzelner Produktivgüter, mathematisch zu erfassen, liegen den in Gleichungen fixierten Produktionsmittelkombinationen bereits Bewertungen auf Grund von Preisvorstellungen zugrunde.[18] Das Ergebnis der Rechnung wird nach Wicksell lediglich sein, daß bei freier Konkurrenz der Wert eines Produktivgutes in allen möglichen Kombinationen annäherungsweise gleich sein muß.[19]

Das offensichtliche Unvermögen einer befriedigenden Lösung des Zurechnungsproblems rief harte Kritik an der gesamten

[17] Beispiel bei v. Wieser, Friedrich, Der natürliche Wert, Wien 1889, S. 86 f.

[18] Zur Kritik vgl. Lederer, Emil, Aufriß der ökonomischen Theorie, 3. Aufl., Tübingen 1931.

[19] Wicksell, Knut, Über Wert, Kapital und Rente nach den neueren nationalökonomischen Theorien, Jena 1893, Vorwort S. XII.

Wertrechnung hervor. AMONN bestritt überhaupt die Möglichkeit einer Wertrechnung im subjektiven Sinne[20], LIEFMANN sah darin nur „Scheinprobleme, die sich wie eine ewige Krankheit von einer Generation zur anderen forterben“[21]. Mit dem Scheitern der Zurechnungslehre blieb im System der Grenznutzenlehre eine Lücke offen.

Weiterführende Literatur:

Schumpeter, Joseph, Das Rentenprinzip in der Verteilungslehre, in: Schmollers Jahrbuch, Bd. 31, 1907.

—, Bemerkungen über das Zurechnungsproblem, in: Zeitschr. f. Volksw., Sozialpol. u. Verw., XVIII, 1909.

Mohrmann, Warthold, Dogmengeschichte der Zurechnungslehre, Jena 1914.

Kleinwächter, Friedrich, Die Lehre vom Grenznutzen und das sogenannte Zurechnungsproblem, in: Jahrb. f. Nat. u. Stat., Bd. 47, 1920.

Mayer, Hans, Untersuchungen zu dem Grundgesetz der wirtschaftlichen Wertrechnung, in: Zeitschr. f. Volksw., Sozialpol. u. Verw., N.F. 1, 1921 und 2, 1922.

Hefendehl, Hans, Das Problem der ökonomischen Zurechnung. Eine historische Untersuchung der Lehre von der funktionellen Verteilung, Essen 1922.

Mayer, Hans, Art.: Zurechnung, in: HdSt, 4. Aufl., Bd. 8, 1928, S. 1206 f.

Haydt, Eugen, Die ökonomische Zurechnung. Darstellung der Lösung des Verteilungsproblems durch die Grenznutzentheorie, Leipzig 1931.

Mayer, Hans, Zur Frage der Rechenbarkeit des subjektiven Wertes. In: Wirtschaftstheorie und Wirtschaftspolitik, Festschrift für Alfred Amonn, Bern 1953.

[20] Ammon, Alfred, Emil Lederers Grundzüge der ökonomischen Theorie. Kritische Bemerkungen zur Arbeitswertlehre und Grenznutzentheorie, in: Weltw. Arch., Bd. 23, 2 (1926).

[21] Liefmann, Robert, Grundsätze der Volkswirtschaftslehre, Bd. 1, Stuttgart/Berlin 1917; vgl. auch Conrad, Otto, Der Zusammenbruch der Grenznutzentheorie, in: Jahrb. f. Nat. u. Stat., Bd. 55, 1928.

b) Die Preistheorie

Die Ausbildung der von MENGER begründeten Preistheorie ist vornehmlich VON BÖHM-BAWERK zuzuschreiben.[22]

Ausgehend von der Wertschätzung der Tauschpartner lassen sich diese bei Kauf oder Tausch von drei Motiven leiten:

1. Sie tauschen nur, wenn der Tausch ihnen einen subjektiven Vorteil bietet.
2. Sie suchen stets den Tauschpartner, der den größten subjektiven Vorteil bietet.
3. Sie geben sich lieber mit einem kleineren Vorteil zufrieden als gar nicht am Markt teilzunehmen.

Als Grundregel der Grenznutzentheorie ergibt sich daraus, daß ein Tausch/Kauf nur möglich ist, wenn die Tauschpartner Waren und Preis unterschiedlich bewerten. Die Aussage der Klassik, es würden nur Wertäquivalente getauscht, wird damit verlassen. Es ergeben sich folgende Tauschregeln:

1. Monopolpreisbildung (d. h. Angebot und/oder Nachfrage liegen in einer Hand):
   a) Steht ein Angebotsmonopolist vielen Käufern gegenüber, so gilt:
      aa) Bringt er nur eine Gütereinheit auf den Markt, so ist seine Wertschätzung die Preisuntergrenze; die Preisobergrenze wird durch den Käufer mit der höchsten Wertschätzung für dieses Gut bestimmt, d. h. der Kaufkräftigste kommt zum Zuge.
      ab) Bringt der Monopolist mehrere Güter auf den Markt, wird bei einem Angebot nach und nach abermals der kaufkräftigste Nachfrager zuerst das Gut erhalten, die weniger kaufkräftigen erhalten das Gut später, d. h. der Preis wird erst langsam fallen. Wird die Gesamtmenge des Monopolisten auf einmal angeboten, so muß sich ein einheitlicher Preis bilden. Reicht die angebotene Menge nicht für die Gesamtnachfrage

[22] v. Böhm-Bawerk, Eugen, Kapital und Kapitalzins, 2. Band: Positive Theorie des Kapitals, Innsbruck 1888.

aus, so wird nur die kaufkräftigste Nachfrage beliefert: Die Preisuntergrenze wird bestimmt durch die höchste Wertschätzung des bereits ausgeschlossenen Käufers, bzw. durch die subjektive Wertschätzung des Monopolisten. Die Preisobergrenze bildet die niedrigste Wertschätzung des gerade noch zum Zuge kommenden Nachfragers.

Analoges gilt für ein Nachfragemonopol.

Die umständliche Argumentation ist diktiert vom Bestreben, die Marktpreisbildung durch die subjektive Wertschätzung zu determinieren. Dabei wird deutlich, daß die Käufer mit ungleichen Vorteilen am Marktverkehr teilnehmen, d. h. je nach dem Umfang ihrer Kaufkraft oder besser, daß der einheitliche Preis infolge einer Marktschichtung zum Entstehen von Konsumentenrenten führt. MARSHALL hat später diese durch die unterschiedliche Wertschätzung der Nachfrager entstehenden Konsumentenrenten näher beschrieben.[23]

2. Konkurrenzpreisbildung:

Dieser Sachverhalt wird bei der Konkurrenzpreisbildung noch deutlicher. Die subjektiven Werturteile aller Käufer und Verkäufer, die sich in vollkommener Konkurrenz gegenüberstehen, werden von BÖHM-BAWERK in zwei umgekehrten Zahlenreihen ausgedrückt:

Verkäufer	1	2	3	4	5	|	6	7	8	9	10
Käufer	10	9	8	7	6	|	5	4	3	2	1

Es kommen nur Verkäufer zum Zuge, die billiger als ihre Konkurrenten anbieten, hier die Verkäufer 1—5. Bei diesem Angebot könnten nur die über entsprechende Kaufkraft verfügenden Käufer 10—6 zum Zuge kommen. Wenn jede Wertschätzung einem Kaufgut entspricht, muß sich der Preis bei

[23] Marshall, Alfred, Handbuch der Volkswirtschaftslehre, Bd. 1, Stuttgart/Berlin 1905, S. 165 ff.

5,5 einspielen. Dieses 'Gesetz der Grenzpaare' determiniert wiederum die Preisbildung: Die Preisobergrenze wird bestimmt durch die niedrigste Wertschätzung der vom Tausch ausgeschlossenen Verkäufer (6) und die niedrigste Wertschätzung des gerade noch zum Zuge kommenden Käufers (6). Die Preisuntergrenze ergibt sich aus der höchsten Wertschätzung des noch zum Zuge kommenden Verkäufers (5) sowie durch die höchste Wertschätzung des vom Tausch ausgeschlossenen Käufers (5). Wertschätzungen jenseits dieser Grenzpaare haben für die Preisbildung keinen Einfluß.

Neben Konsumenten- werden hier auch Produzentenrenten sichtbar: Sowohl die Wettbewerber, die zu höheren Preisen zu kaufen bereit wären als auch die, die zu niedrigsten Preisen noch verkaufen würden, erzielen durch den einheitlichen Preis einen Vorteil. Von VON WIESER und John Bates CLARK wurden später die Grenzkäufer und -verkäufer durch Grenzreihen ersetzt, d. h. spezifische Schichten von Marktteilnehmern, die zu diesem Preis noch kaufen oder verkaufen.[24]

Deutlich wird in dieser Preistheorie ein einheitliches Prinzip für die Preisbildung aller Güter: Ihr Nutzen bzw. ihre Wertschätzung bei Käufer und Verkäufer. Mit dieser Nutzwertlehre waren Schwierigkeiten der Klassik umgangen worden.[25] Jedoch läßt sich anderes kritisch einwenden:

1. Die Preistheorie der Grenznutzenschule gibt zwar eine gute Beschreibung der Preisbildung, aber keine Erklärung: Welche Käufer und Verkäufer außerhalb der Grenzpaare bleiben, ergibt sich erst, wenn der Preis bereits feststeht.
2. Die Praxis bewertet nicht nur nach subjektiven Werten, sondern auch nach früheren Preisen.
3. Die Angebotsseite wird vernachlässigt. Es wird die Verteilung eines gegebenen Angebots beschrieben, nicht aber das Zustandekommen dieses Angebots, das mehr durch technisch-

[24] Vgl. v. Wieser, Friedrich, Theorie der gesellschaftlichen Wirtschaft, a. a. O., S. 258 ff.

[25] Einzelheiten dazu bei Kruse, a. a. O., S. 189.

industrielle Möglichkeiten einer Volkswirtschaft als durch subjektive Wertschätzung bestimmt wird.

Weiterführende Literatur:

Zuckerkandl, Robert, Zur Theorie des Preises mit besonderer Berücksichtigung der geschichtlichen Entwicklung der Lehre, Leipzig 1889.

Conrad, Otto, Die Lehre vom subjektiven Wert als Grundlage der Preistheorie, Leipzig 1912.

c) Zins-, Geld- und Konjunkturtheorie

Der erwähnten Nutzungstheorie des Zinses von MENGER, wonach die Kapitalverfügung über einen bestimmten Zeitraum einen Wert darstellt, folgte VON BÖHM-BAWERK nicht. In der von ihm begründeten Agio-Theorie, die ihn zum führenden Kapital- und Zinstheoretiker seiner Zeit werden ließ, geht er davon aus, daß gegenwärtige Güter mehr Wert besitzen als zukünftige Güter gleicher Art und Zahl. Er nennt dafür zwei psychologische und einen technischen Grund:

1. Bei gegenwärtig schlechter und zukünftig erwarteter besserer Versorgungslage wird Gegenwartsgütern ein höherer Wert beigemessen. Dieses Argument stützt sich auf die Behauptung, daß bei den meisten Menschen in nahezu allen Ländern die gegenwärtige Versorgung schlechter sei als in der Zukunft, ferner könne in Notfällen nur auf Gegenwartsgüter zurückgegriffen werden.
2. Zukünftige Bedürfnisse werden regelmäßig unterschätzt oder durch Leichtsinn und mangelnde Selbstbeherrschung zu wenig berücksichtigt. Auch die unsichere Lebensdauer führt zu einer Geringschätzung von Zukunftsgütern.
3. Durch Verfügbarkeit über Gegenwartsgüter kann man zeitraubende, aber ergiebigere Produktionsumwege einschlagen, die eine zukünftige Mehrversorgung mit Gütern ermöglichen, mithin auch ein Mehr an Wert erreichen.

VON BÖHM-BAWERK nähert sich hier einer von ihm sonst abgelehnten Produktivitätstheorie des Zinses. Der Zins ist eine Vergütung dafür, daß mit Hilfe des Kapitals die Güterproduktion im Laufe der Zeit vergrößert werden kann. Der Kapitaleigner stellt die in der Gegenwart hochgeschätzten Produktivgüter (Kapital) zur Produktion geringwertiger Zukunftsgüter zur Verfügung, als Wertausgleich fließt ihm daher das Agio (= Aufgeld) in Form des Zinses zu.

Kritisch ist anzumerken, daß die beiden ersten Argumente von Böhm-Bawerks keine allgemeine Gültigkeit beanspruchen können, durchaus können von Menschen Zukunftsgüter auch höher geschätzt werden als Gegenwartsgüter. Durch den Hinweis auf menschliche Unvernunft gerät von Böhm-Bawerk in Widerspruch zur von der Grenznutzenschule sonst stets betonten reinen Ökonomie, in der Rationalität menschliches Handeln bestimmt. Schließlich bleibt unbewiesen, daß eine zukünftige größere Gütermenge unbedingt auch einen größeren Wert haben müsse, abnehmende Knappheit wirkt sich wertmindernd aus. Trotz dieser unbefriedigenden Ansätze fand die Agio-Theorie weithin Anklang.

Zur Erklärung der Zinshöhe verzichtet von Böhm-Bawerk auf die Wertlehre: Angebot und Nachfrage bestimmen den Kapitalmarkt, die Zinshöhe orientiere sich am Ertrag der am wenigsten rentablen Kapitalanlage, die bei dem gegebenen Kapitalmarkt noch realisiert werden kann. Von Böhm-Bawerk bezieht sich dabei auf Johann Heinrich von Thünen (1783—1850), der bereits den Ertrag des „zuletzt angelegten Kapitalteilchens“ für die Zinshöhe als Bestimmungsfaktor beschrieben hatte (= Grenzproduktivität des Kapitals).[26]

Eine Weiterentwicklung der Agio-Theorie vollzog Irving Fisher (1867—1947) in seiner ‘time preference-’ oder ‘im-

[26] v. Böhm-Bawerk, Eugen, Kapital und Kapitalzins, a. a. O. — Ders., Art.: Zins, in: HdSt, Bd. 6, 1894.
v. Thünen, Johann Heinrich, Der isolierte Staat in Beziehung auf Landwirtschaft und Nationalökonomie, Rostock 1826.
Zur Kritik an Böhm-Bawerk:
Clark, John Bates, Über das Wesen des Kapitals, in: Zeitschr. f. Volksw., Bd. 16, 1907.
v. Sivers, Erik, Die Zinstheorie Eugen von Böhm-Bawerks im Lichte der deutschen Kritik, Jena 1924.

patience-theory'. Auf Grund der Höherschätzung gegenwärtiger Güter bzw. Einkommen besteht ein individuell unterschiedlicher Grad von „Ungeduld, diese Einkommen auszugeben". Die von Nutzenerwägungen bestimmten unterschiedlichen 'time preference rates' finden auf dem Markt ihren Ausgleich, womit gleichzeitig die Zinshöhe erklärt wird.[27]

Während von Wieser zur Begründung des Zinses lediglich anführt, daß von den erzielten Erträgen auch dem an der Produktion beteiligten Kapital ein Anteil zuzurechnen sei[28], entwickelt Wicksell seine eigene Zinstheorie. Er geht dabei von seiner Einkommenslehre aus, wonach der Strom aller Geldeinkommen entweder dem Konsum oder dem Sparen zugeführt wird; das Sozialprodukt teilt sich entsprechend in Konsum- und Produktivgüter. Alle diese Größen unterliegen in der wirtschaftlichen Dynamik fortwährend Veränderungen, die über das Verhältnis von Real- zu Nominaleinkommen die Kaufkraft des Geldes bestimmen. Derartige Bewegungen resultieren besonders aus den Veränderungen von 'natürlichem Zins' und 'Markt- oder Geldzins'. Der natürliche Zins entspricht der erwarteten Grenzleistungsfähigkeit (Grenzproduktivität) des neugebildeten Kapitals, es ist der erwartete (kalkulierte) Zins langfristiger Anlagen; bei diesem relativ statischen Zins stimmen langfristig Kapitalangebot und -nachfrage, d. h. Sparen und Investieren überein. Der Geld- oder Marktzins ist der kurzfristig am Markt aus Angebot und Nachfrage zustande kommende Zins, der um den natürlichen Zins schwankt: Es entsteht eine Zinsspanne. Ein Hauptgrund für das Abweichen vom natürlichen Zins liegt in der Giralgeldschöpfungstätigkeit der Banken. Wird so das Kreditvolumen ausgeweitet, werden die Banken mit Rücksicht auf ihre

[27] Fisher, Irving, The rate of interest, New York 1907. — Ders., The theory of interest as determined by impatience to spend income and opportunity to invest it, New York/London 1930 (dtsch.: Die Zinstheorie, Jena 1932).

[28] v. Wieser, Friedrich, Theorie der gesellschaftlichen Wirtschaft, Tübingen 1914, S. 95 ff.

Liquiditätsverhältnisse ihre geforderten Zinssätze erhöhen. Der auf Grund des höheren Kreditangebotes zunächst niedrigere Geldzins wird sich dann wieder dem natürlichen Zins annähern. Uneingeschränkt kann dagegen die Zentralnotenbank durch Geldausgabe das Kreditvolumen erhöhen und dadurch eine Zinsspanne aufrechterhalten.

Stimmen natürlicher und Marktzins überein, besteht wirtschaftliches Gleichgewicht. Nachfrage und Angebot von Sparkapital gleichen sich aus, das Zins- und Preisniveau hat keine Tendenz, sich zu verändern. Liegt der Marktzins jedoch tiefer, so wird bei sinkender Sparneigung die Konsumquote steigen, die Gewinnchancen und die Nachfrage nach Produktivgütern sich erhöhen. Die Rentabilität zusätzlich investierten Kapitals wird höher eingeschätzt, solange der natürliche Zins höher ist als der für das Kapital zu entrichtende Marktzins. Schließlich werden auf Grund der steigenden Nachfrage die Konsumgüterpreise steigen; die in der Regel nur mit Verzögerung folgenden Lohnerhöhungen führen zu einem erzwungenen Konsumverzicht, der die Kapitalbildung ermöglicht. Die vergrößerte monetäre Nachfrage erhält den Charakter eines Konkurrenzkampfes der Unternehmer um Produktionsfaktoren, deren Preise ebenso steigen wie die durch steigendes Geldeinkommen vergrößerte Nachfrage nach Konsumgütern deren Preise erhöht.

Dieser als 'Wicksellscher Prozeß' bezeichnete kumulative Inflationsprozeß hält solange an, wie der Marktzins unter dem natürlichen Zins liegt. Um der durch Gewinnerwartungen gesteigerten Kreditnachfrage zu entsprechen, muß bei diesem niedrigen Marktzins laufend Geld bzw. Kredit geschaffen werden. Liegt dagegen der Marktzins einmal über dem natürlichen Zins, entwickelt sich ein kumulativer Prozeß in umgekehrter Richtung (Deflationsprozeß). Mit der Forderung, die in Geld- und Kreditschöpfung uneingeschränkte Notenbank müsse den Geldzins stets so beeinflussen, daß die Gleichgewichtslage wieder erreicht bzw. gehalten wird, gewinnt Wicksell aus seiner Zinstheorie den Ansatzpunkt einer monetären Konjunkturtheorie; mit der Erkenntnis, daß Unterschiede zwischen den Größen Sparen und

Investition Störungsfaktoren sein können, greift er der späteren Keynesschen Theorie voraus.

In seinem durch klare Ausgangssituation und Schlüssigkeit gekennzeichneten System übernimmt WICKSELL die Mechanik der klassischen Theorie, wonach die Wirtschaft über die Preisbildung reguliert wird, weil der Marktpreis um den natürlichen Preis oszilliert. Wenn die Zinsspannentheorie auch als „fruchtbar für die Erklärung vieler geldwirtschaftlicher Erscheinungen“ [29] angesehen wird, wendet man mit Recht ein, WICKSELLS Definitionen hätten nur für eine stationäre Wirtschaft Gültigkeit und träfen auch in einer unterbeschäftigten Wirtschaft nicht zu.[30]

Der Ausbau zur Konjunkturtheorie, bei der jetzt auch eine Variation des natürlichen Zinses, Fehleinschätzungen der Unternehmer und periodisch wiederkehrende Irrtümer wichtige Bestandteile werden, hat Berührungspunkte mit den Theorien von VON MISES, SPIETHOFF und FISHER; als erstes geschlossenes System einer monetären Konjunkturlehre hat sie darüber hinaus die Entwicklung auf diesem Gebiet generell befruchtet.

Letztlich hat auch VON MISES eine Konjunkturtheorie entwickelt, die auf einer sich an VON BÖHM-BAWERK anlehnenden Zinsspannentheorie fußt. Da auch er in einer Vermehrung des Geldes und zu weitgehender Kreditgewährung der Banken eine Krisenursache sieht, gehört er zu den monetären Konjunkturtheoretikern, ohne jedoch die Wirkung WICKSELLS zu erreichen.

Weiterführende Literatur:

Wicksell, Knut, Geldzins und Güterpreise, Jena 1898.

—, Vorlesungen über Nationalökonomie auf Grundlage des Marginalprinzips, Theoretischer Teil, Bd. 2, Geld und Kredit, Jena 1922.

—, The Influence of the Rate of Interest on Prices, in: Economic Journal, Bd. 17, 1907.

v. Mises, Ludwig, Theorie des Geldes und der Umlaufmittel, München/Leipzig 1912.

[29] Vgl. Kruse, a. a. O., S. 294.

[30] Vgl. auch Stavenhagen, a. a. O., S. 454 und die dort erwähnte Kritik von David Davidson.

v. Mises, Ludwig, Geldwertstabilisierung und Konjunkturpolitik, Jena 1928.

Weinberger, Otto, Knut Wicksell (1851—1926), in: Weltw. Arch., Bd. 24, 1926.

Eine Übersicht des Wicksellschen Systems ferner bei Kruse, Alfred, Geschichte der volkswirtschaftlichen Theorien, 4. Aufl., Berlin 1959, S. 290 ff. und Stavenhagen, Gerhard, Geschichte der Wirtschaftstheorie, 4. Aufl., Göttingen 1969, S. 575 ff.

B. Die Grenzleidlehre

1. Gründung der Lehre durch Jevons

So wie die Österreichische Schule den Wert auf den Grenznutzen zurückführte, benutzte der anglo-amerikanische Zweig der Grenznutzenlehre die Unlust bzw. das Opfer ('disutility'), mit dem jeder Nutzen erkauft werden mußte, als Maßstab der subjektiven Wertbestimmung.

Schon Gossen und von Böhm-Bawerk stellten analog zur Tendenz des sinkenden Grenznutzens auch ein wachsendes Arbeitsleid, eine wachsende Unlust fest. William Stanley Jevons (1835—1882) hat diese Überlegungen, gestützt auf Benthams Theorie der Lust- und Unlustgefühle, dann zu einer Wertlehre ausgebaut.[31] Jeder Nutzen muß durch ein Opfer oder Leid erkauft werden. Wird z. B. bei der Produktion die Arbeitsleistung oder -zeit fortwährend erhöht, so wird das dadurch ansteigende Arbeitsleid letztlich so stark werden, daß es dem Nutzen des Arbeitsproduktes entspricht. Der Nutzen ('utility') wird hier durch das Arbeitsleid (= negativer Nutzen) kompensiert, der Arbeiter wird von diesem Punkt an seine Arbeit einstellen. In

[31] Jevons, William Stanley, The theory of political economy, London/New York 1871 (dtsch.: Theorie der politischen Ökonomie, Jena 1924); Jevons hat 1879 zuerst auf Gossen als Vorläufer der Grenznutzentheorie hingewiesen.
Vgl. Stavenhagen, a. a. O., S. 265 ff.

einem Koordinatensystem wird dieser Punkt als Schnittpunkt der fallenden Nutzenkurve und der steigenden Arbeitsleidkurve dargestellt.

Neben der mathematischen Definition des Grenznutzens ('final degree of utility') als Differentialkoeffizient entwickelt JEVONS auf Grund seiner Wertlehre das Gesetz der Unterschiedslosigkeit der Preise ('law of indifference'), wonach gleiche Güter auf demselben Markt zu einem bestimmten Zeitpunkt keine unterschiedlichen Preise erzielen können. Damit wird erstmals der Begriff des 'vollkommenen Marktes' klar herausgearbeitet. Entsprechend dem Gossenschen Sättigungsgesetz entwickelt JEVONS sein Gesetz des sinkenden Grenznutzens, ebenso das Genußausgleichsgesetz. Die Bedingungen des Gütertauschs legte er in einer Tauschgleichung dar, wonach sich die Tauschreaktion zweier Güter aus dem umgekehrten Verhältnis der Grenznutzengrade der Gütermengen ergibt, die nach vollzogenem Tausch zum Verbrauch zur Verfügung stehen. JEVONS, in scharfem Gegensatz zur Klassik, baute sein theoretisches System unabhängig von der übrigen Grenznutzentheorie in stark mathematischer Form auf. Die Nationalökonomie war für ihn eine mathematische Wissenschaft schlechthin, die es durchweg mit Quantitäten zu tun habe. Er wurde auf diese Weise zum Ausgangspunkt der mathematisch-quantitativen Wirtschaftstheorie, die gerade in den angelsächsischen Ländern ihren ersten großen Aufschwung fand.

2. Die Cambridge-Schule

In England waren es die zur sog. 'Cambridge-Schule' gehörenden Forscher, die die von JEVONS entwickelte Grenzleidlehre zu einem geschlossenen System ausbauten und vor allem auch die 'disutility'-Theorie mit den Theoremen der Klassik zu verbinden suchten.

Als Begründer dieser Schule gilt Alfred MARSHALL (1842 bis 1924), der die klassische Nationalökonomie mit der Marginalanalyse verband, indem er die Grenzleidtheorie mit der Kostentheorie vereinigte.[32] Die Kosten werden danach subjektiv durch das Arbeitsleid (disutility) und das Warten auf Genuß (abstinence) bestimmt. Mit der Definition der Kosten als entgangenem Nutzen erhält JEVONS' Grenzleidlehre eine brauchbare Fassung; eine Anlehnung an SENIORS Abstinenztheorie ist unverkennbar. Das Güterangebot richtet sich primär nach den Kosten, die Nachfrage nach dem Nutzen; beide greifen wie die Klingen einer Schere zusammen.

Der Begriff des Opfers beherrscht auch MARSHALLS Zinstheorie. Der Zins ist eine Vergütung für das Warten, ein Entgelt für das vom Kapitalgeber gebrachte Opfer. Damit tritt deutlich auch hier — wie bereits erstmals bei MENGER — das Zeitmoment in der Zinstheorie hervor.

Eine besondere Leistung MARSHALLS liegt in seiner Analyse des partiellen Gleichgewichts, der geometrischen Darstellung von Angebots- und Nachfragekurven und der Betrachtung ihrer Bestimmungsgründe. Ausgehend von der Tatsache, daß der Getreidepreis nicht genau nach dem Umfang des Ernteausfalls schwankt, eine Feststellung, die bereits von dem Statistiker Gregory KING (1648—1712) getroffen worden war ('Kingsche Regel'), entwickelt MARSHALL den Begriff der Elastizität[33], der als Angebots- und Nachfrage-, Preis- und Einkommenselastizität weiter ausgebaut wurde.[34] Mit Hilfe rigoroser Vereinfachungen (wie z. B. der Vernachlässigung der Interdependenz aller Preise) und mathematischer Darstellungsweisen bei der Theorie des partiellen Gleichgewichts (z. B. Einführung von Indifferenzkur-

[32] Marshall, Alfred, Principles of economics, London 1890 (dtsch: Handbuch der Volkswirtschaftslehre, Stuttgart-Köln 1905).

[33] Erstmals wurde dieser Begriff verwandt von Jenkin, Fleeming, The Graphic Representation of the Laws of Supply and Demand, and their Application to Labour, London 1870.

[34] In erster Linie sind hier Moore (1869—1958) und Schultz (1893 bis 1938) zu nennen:
Moore, Henry L., Synthetic Economics, New York 1929.
Schultz, Henry, The Theory and Measurement of Demand, Chicago 1938.

ven als Kurven gleicher Nutzenschätzung) entwickelt MARSHALL bedeutende Ansatzpunkte für die weitere theoretische Forschung.

In seiner Weiterentwicklung der Rententheorie versucht MARSHALL, Konsumenten- und Produzentenrenten von der Grundrente abzugrenzen. Im Unterschied zur Grundrente bezeichnet er alle sonstigen Differentialrenten, die nur vorübergehenden Charakter haben, als 'Quasirenten', während die Grundrente aufgrund der Unvermehrbarkeit des Bodens bei wachsender Bevölkerung und Gültigkeit des Ertragsgesetzes eine dauerhafte Rente darstelle. Allerdings konnte sich MARSHALL mit dieser eigenwilligen Ausklammerung der Grundrente nicht durchsetzen.

Von weitreichender Bedeutung werden MARSHALLS Versuche, mit seinen Begriffen der repräsentativen Firma und der internen und externen Ersparnisse eine Theorie der Produktion zu begründen, die schließlich zur Trennung der mikro- und makroökonomischen Untersuchungen führt. Auch wenn Marshall von seinen Schülern und Nachfolgern nicht in allem gefolgt wurde, ja manche Kritik sich anschloß, so hat er doch allein schon mit der Herausarbeitung einzelner Zusammenhänge und Begriffe — unter anderem auch 'unvollkommener Wettbewerb', 'Volkseinkommen' — die Grundlage für die Entwicklung weiter Bereiche theoretischer Forschung gelegt.

Insbesondere hat die Kostentheorie in Anknüpfung an MARSHALL ihre moderne Ausbildung erfahren. Er hat die Aufteilung in fixe und variable Kosten bereits als vom Betrachtungszeitraum abhängig erkannt, ebenso die Gestaltung der Kostenfunktion in Abhängigkeit vom Ertragsgesetz. Die Begriffe 'Grenzkosten' und '-erlös' sind von der Cambridge-Schule eingeführt worden, der ebenfalls mit mathematisch-graphischen Darstellungen arbeitende BARONE (s. Lausanner Schule) hat weitere grundlegende Begriffe und Zusammenhänge der modernen Kostentheorie entwickelt. Die dann von Heinrich VON STACKELBERG (1905—1946) und Erich SCHNEIDER (1900—1970) zusammengefaßte Kosten- und Produktionstheorie ist das Ergebnis dieser Entwicklung.

MARSHALLS wissenschaftliches Werk hat die englische Nationalökonomie für Jahrzehnte beeinflußt, seine ›Principles‹ blieben bis zur

Keynes'schen Revolution das Standardwerk englischer wirtschaftswissenschaftlicher Literatur. Seine eigenen wissenschaftlichen Leistungen gewannen zunächst gerade in England Ansehen, weil er sich stets als Fortführer der klassischen Theorie verstand, obwohl ihm selbst wesentliche Neuerungen gelangen.

Weiterführende Literatur:

Barone, Enrico, Principi di economie politica, Rom 1908 (dtsch.: Grundzüge der theoretischen Nationalökonomie, Berlin/Bonn 1927).

Pigou, Arthur Cecil (Hrsg.), Memorials of Alfred Marshall, London/New York, 1925.

—, The Laws of Diminuishing and Increasing Costs, in: Economic Journal, Bd. 37, 1927.

Weinberger, Otto, Alfred Marshall, in: HdSt, Bd. 8, Jena 1928.

Harrod, Roy F., The Laws of Decreasing Costs, in: Economic Journal, Bd. 41, 1931.

v. Stackelberg, Heinrich, Grundlagen einer reinen Kostentheorie, Wien 1932.

Keynes, John Maynard, Alfred Marshall, in: Essays in Biography, London 1933.

Schneider, Erich, Theorie der Produktion, Wien 1934.

Zoll, Walter, Das Kostenproblem in der Wirtschaftstheorie, Stuttgart 1936.

Guillebeaud, C. W., The Evolution of Marshall's Principles of Economics, in: Economic Journal, Bd. 52, 1942.

Schneider, Erich, Einführung in die Wirtschaftstheorie, 2. Teil, Tübingen 1949.

Frisch, Ragnar, Alfred Marshall's Theory of Value, in: The Quarterly Journal of Economics, Bd. 64, 1950.

Pigou, Arthur Cecil, Alfred Marshall and Current Thought, London 1953.

Schumpeter, Joseph, Alfred Marshall's Principles; Eine Würdigung nach einem halben Jahrhundert, in: Dogmenhistorische und biographische Aufsätze, Tübingen 1954.

Hirsch, Hans, Alfred Marshalls Beitrag zur modernen Theorie der Unternehmung, Berlin 1965.

Recktenwald, Horst Claus (Hrsg.), Alfred Marshall, in: Lebensbilder großer Nationalökonomen, Köln/Berlin 1965, S. 365 ff.

Viner, Jacob, Cost Curves and Supply Curves, in: Zeitschr. f. Nat.,

1932 (dtsch.: Kosten- und Angebotskurven, in: Ott, A. E. [Hrsg.], Preistheorie, Köln/Berlin 1965).
Seligman, Ben B., Alfred Marshall: Die gestaltgewordene Tradition, in: Montaner, A. (Hrsg.), Geschichte der Volkswirtschaftslehre, Köln/Berlin 1967 (Wiederabdruck aus: Seligman, Ben B., Main Currents in Modern Economics, New York 1962).

Zur Kritik an Marshall:

Sraffa, Piero, The Laws of Returns under Competitive Conditions, in: Economic Journal, Bd. 36, 1926.
Hicks, John Richard, Value and Capital, Oxford 1939.
Robbins, Lionel, The Representative Firm, in: Economic Journal, Bd. 35, 1925.

Ähnlich Marshall versuchte Herbert J. DAVENPORT (1861 bis 1931), durch eine besondere Kostendefinition den Zusammenhang zwischen Kosten und Preisen zu klären. Für die Bestimmung der Arbeitskosten sei dabei nicht das Arbeitsopfer, sondern das Opfer, das durch den Verzicht auf die jeweils zweitbeste Verwendungsmöglichkeit gebracht werde, entscheidend. DAVENPORT führt dafür den Ausdruck 'opportunity costs' ein. Der Grenznutzen wird hier zum relativen Grenznutzen, die Kosten werden zum entgangenen Nutzen umgedeutet, eine Möglichkeit, die schon bei VON WIESER anklingt.[35]

Die Theorie der 'opportunity costs' oder der alternativen Kosten bleibt weitgehend auf die amerikanische Nationalökonomie beschränkt.

Weiterführende Literatur:

Davenport, Herbert J., Value and Distribution, Chicago 1908.

Auch Francis Ysidro EDGEWORTH (1845—1926) läßt sich, wenngleich er in Oxford lehrte, sachlich zur Cambridge Schule zählen. Er entwickelte zwar kein geschlossenes Lehrsystem, interessierte sich aber besonders für die mathematische Darstellung

[35] v. Wieser, Friedrich, Über das Verhältnis von Kosten zum Wert (1876), erstmals veröffentlicht in: Gesammelte Abhandlungen, hrsg. v. F. A. v. Hayek, Tübingen 1929.

volkswirtschaftlicher Probleme. Über die Problematik einer Nutzenmessung gelangt er zur ersten Darstellung von Indifferenzkurven und leistet so Vorarbeit zur Theorie der Wahlakte. Neben diesen Auseinandersetzungen mit der Wertlehre ist vor allem seine Arbeit auf dem Gebiet der mathematischen Monopol- und Oligopolpreistheorie richtungweisend geworden.

Nachfolger MARSHALLS war sein Schüler Arthur Cecil PIGOU (1877—1959), der das bereits von seinem Lehrer erkannte Problem der Wohlfahrtsökonomie zu einem geschlossenen System ausbaute (›Welfare Economics‹, s. dort).

Weiterführende Literatur:

Edgeworth, Francis Ysidro, Mathematical Psychics: An Essay on the Application of Mathematics to the Moral Sciences, London 1881.

—, Prof. Böhm-Bawerk on the ultimate Standard of Value, in: Economic Journal, Bd. 4, 1894.

—, La teoria pura del monopolio, in: Giornale degli Economisti, Juli 1897.

—, Papers Relating to Political Economy, 3 Bände, London 1925.

Pigou, Arthur Cecil, Wealth and Welfare, London 1912; 2. Auflage: The Economics of Welfare, London 1920.

Schumpeter, Joseph, Edgeworth und die neuere Wirtschaftstheorie, in: Weltw. Arch., Bd. 22, 1925.

3. Die Entwicklung der Grenzleidlehre in den USA

Wie MARSHALL eine Verbindung zur klassischen Theorie herzustellen suchte, so bemühte sich auch sein Schüler John Bates CLARK (1847—1938) um eine solche Verbindung. Von CLARK stark mitbestimmt ist die Entwicklung der Grenzproduktivitätstheorie. Bereits VON THÜNEN hatte nachzuweisen versucht, daß der Grenzertrag von Arbeit und Kapital deren Preise festlege. Bei VON WIESER wird der Anteil einzelner Einkommenszweige durch den Grenzertrag der einzelnen Produktionsfaktoren bestimmt: der unter den ungünstigsten Voraussetzungen gerade noch einzusetzende Grenzarbeiter bestimmt die Lohnhöhe für alle Arbeiter in gleicher Verwendung. Gleiches gilt für Boden und Kapital. Von WICKSELL[36], MARSHALL und BARONE aufgegriffen, von WICKSTEED 1894 beschrieben[37], wird endlich von CLARK auf Grundlage dieser Grenzproduktivität eine geschlossene Theorie der funktionellen Verteilung aufgestellt, die von seinen Schülern T. N. CARVER (1865—1961) und J. R. COMMONS (1862—1945) weiter ausgebaut wird. Ausgehend davon, daß zwischen Produktivität und Einkommen ein enger Zusammenhang bestehen müsse, bemüht sich CLARK um die Erklärung der Verteilung des Gesamtertrages einer Volkswirtschaft auf die Produktionsfaktoren.

CLARK überträgt dazu das Gesetz vom abnehmenden Bodenertragszuwachs auf Kapital und Arbeit (allgemeines Ertragsgesetz).[38] Dieses allgemeine Produktionsgesetz sagt aus, daß unter der Voraussetzung ausreichender Substitutionselastizität, d. h. Umgruppierungsfähigkeit im Einsatz der Produktionsfaktoren, bei Konstanz eines Faktors und Variation anderer Faktoren zunächst steigende, von einem bestimmten Punkt ab jedoch sinkende Grenzerträge dieser variablen Faktoren festzustellen sind. Ertragsänderungen sind damit auf Änderungen in der Relation der eingesetzten konstanten und variablen Faktoren zurückzuführen.

Der Preis der Produktionsfaktoren werde durch deren Grenzertrag bestimmt: der einheitliche Wettbewerbspreis könne auf Dauer nicht den Grenzertrag übersteigen, da sonst die letztbenötigten Faktormengen, die gerade den Grenzertrag bringen,

[36] Zu Wicksells Grenzproduktivitätstheorie vgl. Stavenhagen, a. a. O., S. 284 f.

[37] Wicksteed, Philip H., An Essay on the Coordination of the Laws of Distribution, London 1894.

[38] Zur Weiterentwicklung dieses allgemeinen Ertragsgesetzes vgl. Esslern, Josef Bergfried, Das Gesetz vom abnehmenden Bodenertrag seit Justus v. Liebig, München 1905; Weddigen, Walter, Theorie des Ertrages, Jena 1927, v. Stackelberg, Heinrich, Grundlagen einer reinen Kostentheorie, in: Zeitschr. f. Nat., Bd. 3, 1932.

nicht mehr eingesetzt werden können. Der Grenzertrag von Arbeit und Kapital bestimmt damit Lohn und Zins, letztere entsprechen den Grenzproduktivitäten beider Produktionsfaktoren. Der Boden als Produktionsfaktor wird von CLARK dem Kapital zugerechnet.

Mit seiner Verteilungslehre des Gesamtertrages nach der Grenzproduktivitätstheorie glaubt CLARK eine gerechte Verteilung gefunden und auch nachgewiesen zu haben, daß nur die Konkurrenzwirtschaft diese ermöglicht.[39] Allerdings gilt CLARKS Theorie nur für eine statische Volkswirtschaft bei vollkommener Konkurrenz und Mobilität der Produktionsfaktoren. Mit der Herausarbeitung der Produzentenrente und des 'Grenzunternehmers', dem Rentencharakter der Einkommen aus den als konstant angesehenen Produktionsfaktoren leistet CLARK einen Beitrag zur Verallgemeinerung des klassischen Rentenprinzips, wie dies bereits schon von MARSHALL mit seiner Quasi-Rente getan wurde.

Weiterführende Literatur:

Clark, John Bates, The Distribution of Wealth. A Theory of Wages, Interest and Profits, London/New York 1899.

—, Essentials of Economic Theory as applied to modern Problems of Industry and Public Policy, London/New York 1907.

Kritisch:

Schumpeter, Joseph, Das Rentenprinzip in der Verteilungslehre, in: Schmollers Jahrbuch, Bd. 31, 1907.

Zarnowitz, Victor, Die Theorie der Einkommensverteilung, Tübingen 1951.

Stobbe, Alfred, Untersuchungen zur makroökonomischen Theorie der Einkommensverteilung, Tübingen 1962.

Zimmerman, Louis J., a. a. O., S. 135 ff.

Überragende Bedeutung gewann auch Irving FISHER, der insbesondere auf dem Gebiet der Geld-, Zins- und Konjunkturtheorie tätig war. Als Anhänger der mathematischen Methode versuchte er 1892 die Meßbarkeit des subjektiven Nutzens nach-

[39] Vgl. hierzu Kruse, a. a. O., S. 203.

zuweisen.[40] Dabei mußte er die Unterstellung der Grenznutzentheoretiker, der Nutzen sei allein von der Menge des einen, bestimmten Gutes abhängig, aufgeben ('isolierter Nutzen'). Aufgrund von Komplementär- und Substitutionsgütern könne der Nutzen nur in Abhängigkeit von allen Gütern betrachtet werden, damit aber sei er nicht mehr meßbar. Ähnlich wie PARETO gelangt er dann zu einer Indifferenzkurvenanalyse.

Über seine in Anlehnung an VON BÖHM-BAWERK konzipierte Zinstheorie (s. S. 19) kommt FISHER zu einer Erklärung der Konjunkturschwankungen. Durch ein Zurückbleiben der Zinsrate im Aufschwung und zu hohem Zins im Abschwung kommt es zu ökonomisch unvertretbaren Unternehmerentscheidungen mit krisenhaften Folgen. Zur Erklärung dieses 'Zins-lags' muß FISHER, wie auch WICKSELL, auf den sich periodisch wiederholenden Irrtum von Unternehmern und Banken in der Beurteilung der Wirtschaftslage zurückgreifen. Eine echte monetäre Erklärung des Konjunkturgeschehens wird damit nicht gegeben.[41]

Als Heilmittel gegen Wirtschaftskrisen schlägt FISHER die sog. 'Indexwährung' vor. Der Geldwert soll nicht durch eine auf Basis einer bestimmten Metallmenge fixierten Parität bestimmt werden, sondern direkt durch eine Gütermenge. Bezugsgröße soll ein allgemeiner Preisindex sein. Das Verhältnis zwischen Geldwert und Preis soll stets gleichbleiben, d. h. die Kaufkraft auch im Laufe der Zeit immer einer bestimmten Warenmenge entsprechen, während der Währungsmetallgehalt des Geldes verändert wird: steigt der Preisindex, entfällt auf die Geldeinheit eine größere Menge Währungsmetall und umgekehrt. Mit einer so manipulierten Währung sollen Preisschwankungen und damit Konjunkturschwankungen unmöglich gemacht und der Preisstandard langfristig stabilisiert werden.

[40] Fisher, Irving, Mathematical Investigations in the Theory of Value and Prices, New York 1892.

[41] Fisher, Irving, The Purchasing Power of Money. Its Determination and Relation to Credit, Interest and Crisis, New York 1911 (dtsch.: Die Kaufkraft des Geldes, Berlin 1916).

Praktisch läßt sich diese interessante Konstruktion kaum verwirklichen. Einmal lassen sich Preisindices nur ungenügend erfassen, zum andern verlaufen Preisbewegungen nicht parallel, Produktiv- und Konsumgüterpreise, Löhne usw. haben ihre Eigenbewegungen. Veränderungen von Preisrelationen der Güter untereinander lassen sich über den Index nicht erfassen. Eine konjunkturlose Wirtschaft mit Hilfe einer Indexwährung wäre außerdem nur denkbar, wenn die Ursachen des Konjunkturgeschehens allein im monetären Bereich liegen würden. Eine solche monokausale Konjunkturtheorie geht jedoch an der Wirklichkeit vorbei.

In der Fortentwicklung der Geldlehre konzipiert FISHER aus der seit dem 16. Jahrhundert bekannten Quantitätstheorie[42] eine Verkehrsgleichung:

$$G \times U + G_1 \times U_1 = P \times H$$

d. h. Bargeldmenge mal Umlaufsgeschwindigkeit plus Giralgeldmenge mal Umlaufsgeschwindigkeit ist gleich dem Produkt aus Preisniveau mal Handelsvolumen. Rein formal ist die Verkehrsgleichung eine Tautologie, da auf beiden Seiten der Gleichung Größen stehen, die die Summe aller bezahlten Preise ausdrücken. FISHER erklärt die Gleichung kausal, indem er für Preisniveauänderungen stets die Geldseite verantwortlich macht. Bei bestimmter Umlaufsgeschwindigkeit und Gütermenge muß das Preisniveau der Geldmenge proportional sein. Veränderungen der umlaufenden Geldmenge sind für Preis- und folglich Konjunkturschwankungen verantwortlich.

Analog der Fisherschen Verkehrsgleichung entwickelt Gustav CASSEL eine Proportionalitätstheorie. Die Cambridge-Schule, insbesondere MARSHALL, PIGOU und Dennis H. ROBERTSON, suchen eine auf dem Grenznutzenprinzip aufbauende Kassenhaltungstheorie in den quan-

[42] Als erster Vertreter dieser Theorie gilt Jean Bodin (1530 bis 1596). Fisher stützt sich auf Newcomb, Simon, Principles of Political Economy, New York 1885; zur Geschichte vgl. Stavenhagen, a. a. O., S. 428 ff.

titätstheoretischen Ablauf zu bringen, wobei — im Gegensatz zu FISHER — ROBERTSON nicht von der umlaufenden, sondern von der ruhenden Geldmenge ausgeht.[43]

Dem Einwand gegen FISHERS Gleichung, daß die für die monetäre Entwicklung sehr wesentliche Einkommensverteilung unbeachtet bleibt, trägt SCHUMPETER Rechnung, der in einer von ihm entwickelten Gleichung Gesamteinkommen und Gesamtprodukt einer Volkswirtschaft gegenüberstellt.[44] Der Einfluß von Einkommensschichtung und -struktur tritt damit in den Vordergrund. Damit ist der Anknüpfungspunkt zur Einkommenstheorie des Geldes gegeben, die den Geldwert aus dem Verhältnis von Geld- und Realeinkommen ableitet und von führenden Vertretern der Grenznutzenschule entwickelt wurde: VON WIESER und VON ZWIEDINECK-SÜDENHORST.[45]

Über WICKSELL, der Geldeinkommen und Sozialprodukt einer Periode vergleicht und die Wirkungen unterschiedlicher Einkommensverwendung auf Geldwert bzw. Preisniveau analysiert sowie AFTALION[46] (1874—1956), der neben die rein quantitative Betrachtung auch psychologische Faktoren (z. B. Sparneigung) in die Betrachtung des Geldwertes einbaut, wird schließlich die Einkommenstheorie des Geldes von KEYNES aufgegriffen[47].

[43] Cassel, Gustav, Theoretische Sozialökonomie, Leipzig 1918, 400 ff.
Pigou, Arthur C., The Value of Money, in: Quarterly Journal of Economics, Cambridge (Mass.), Bd. 32, 1918.
Robertson, Dennis H., Money, London 1922 (dtsch.: Das Geld, Bern 1924).
Marshall, Alfred, Money, Credit and Commerce, London 1923.

[44] Schumpeter, Joseph, Das Sozialprodukt und die Rechenpfennige, in: Arch. f. Sozialw. u. Pol., Bd. 44, 1917/18.

[45] v. Wieser, Friedrich, Der Geldwert und seine Veränderungen, Leipzig 1910.
v. Zwiedineck-Südenhorst, Otto, Die Einkommensgestaltung als Geldwertbestimmungsgrund, in: Schmollers Jahrbuch, Bd. 33, 1909.

[46] Aftalion, Albert, Die Einkommenstheorie des Geldes und ihre Bestätigung durch die gegenwärtigen Phänomene, in: Die Wirtschaftstheorie der Gegenwart, Wien 1932, S. 376 f.

[47] Keynes, John Maynard, A Treatise on Money, 2 Bände, London/New York 1930 (dtsch.: Vom Gelde, München 1932).

C. Die Lausanner Schule

Die Universität Lausanne, an der Walras und Pareto tätig waren, hat dieser besonderen Ausgestaltung der Grenznutzentheorie ihren Namen gegeben. Besonders fällt die starke Verwendung mathematischer Methoden und Ausdrucksmittel auf, die Mathematisierung der Volkswirtschaftslehre nimmt mit der Grenzbetrachtung hier ihren Anfang.

Léon Walras (1834—1910) bemühte sich als Begründer dieser Richtung zuerst um eine Theorie des allgemeinen Gleichgewichts. Im Gegensatz zu Marshalls partiellem Gleichgewicht sollte jetzt das Gleichgewicht aller Teilmärkte in ihrer gegenseitigen Interdependenz gezeigt werden. Ausgangspunkt für Walras war die Werttheorie und die 'rareté' (= Seltenheit) der Güter[48], wobei dieser Begriff als „Differentialquotient des Genusses, genommen nach dem Vorrat" definiert, dem Grenznutzen entspricht.[49]

Diese Seltenheit wird mathematisch der Intensität des letzten noch befriedigten Bedürfnisses gleichgesetzt. Angebots- bzw. Preisänderungen eines Produktes müssen sich auf die entsprechenden Marktgrößen anderer Güter auswirken, weil eine allgemeine Interdependenz sämtlicher Produktionsfaktoren, Preise und Mengen besteht, die von sich aus zur Gleichgewichtslage hin tendiert. Dieses Abhängigkeitsverhältnis, die Relation einzelner getauschter Mengen, sucht Walras nun in einem Gleichungssystem zu erfassen, in dem die Zahl der Gleichungen der der Unbekannten entspricht, das System also lösbar ist. Er geht dabei vom Modell der vollständigen Konkurrenz aus und setzt weiter folgende Annahmen:

[48] Walras stützt sich dabei auf die Arbeit seines Vaters Auguste Walras (1801—1866), Hauptwerk: De la nature, de la richesse et de l'origine de la valeur, Paris 1831, der sich wohl als erster gegen die klassische Wertlehre wandte und den Begriff der rareté einführte.

[49] Walras, Léon, Mathematische Theorie der Preisbestimmung der wirtschaftlichen Güter, Stuttgart 1881, S. 17.

1. Jeder Verbraucher strebt sein Nutzenmaximum in der Weise an, daß für alle Güter seiner Bedürfnisskala der gewogene Grenznutzen[50] gleich ist.
2. Jeder Produzent strebt sein Gewinnmaximum an.
3. Jedes Gut hat auf dem einheitlichen Markt nur einen Preis (= Jevons' Gesetz zur Unterschiedslosigkeit der Preise).
4. Alle Werte und Größen des Systems sind nur von solchen des gleichen Zeitpunktes abhängig (statische Betrachtung).

Auf diese Weise hat Walras alle Marktvorgänge (Tausch, Produktion, Kapitalbildung, Einkommensverteilung) in seinem Gleichungssystem dargestellt. Er glaubt damit zweierlei zu beweisen:

1. Bei vollständiger Konkurrenz komme ein allgemeines wirtschaftliches Gleichgewicht zustande. In diesem System seien die interdependenten Größen determinierbar, d. h. eindeutig theoretisch bestimmt.
2. Innerhalb dieser zum vollständigen Gleichgewicht tendierenden Wirtschaft hätten alle Verbraucher tatsächlich immer ihr Nutzenmaximum, die Produzenten ihr Gewinnmaximum erreicht.

Dieses Walrassche Gleichungssystem bleibt eine sehr abstrakte Theorie. Er selbst erkannte, daß die notwendigen Daten aus der Wirklichkeit nicht zu gewinnen und die Vielzahl der Gleichungen kaum lösbar sein würde. Auch die statische Betrachtung war irreal, da jede Anpassung am Markt Zeit erfordert und somit nur im Rahmen einer dynamischen Theorie zu lösen ist. Damit bleibt Walras' System nur theoretisch verständlich, kann jedoch nicht dazu beitragen, die Kluft zwischen der Notwendigkeit theoretischen Denkens und der Verwirklichung in der Praxis zu schließen — ein Einwand, der gegen nahezu alle Vertreter der Grenznutzenlehre erhoben werden kann.

Weiterführende Literatur:

Walras, Léon, Eléments d'économie politique pure ou théorie de la richesse sociale, 2 Bde., Lausanne 1874—1877.

[50] Zum Begriff s. Stavenhagen, a. a. O., S. 240.

Walras, Léon, Théorie de la monnaie, Lausanne 1887 (dtsch.: Theorie des Geldes, Jena 1922).
—, Etudes d'économie politique appliquée: Théorie de la production de la richesse sociale, Paris 1898.
Leone, E., Léon Walras und die hedonistisch-mathematische Schule von Lausanne, in: Arch. f. Sozialw. u. -pol., Bd. 32, Tübingen 1911.
Waffenschmidt, Walter, Léon Walras und die mathematische Wirtschaftstheorie, in: Weltw. Arch., Bd. 26, 1927.
Meitzel, C., Léon Walras, in: HdSt, Bd. 8, Jena 1928.
Wessels, Theodor, Die Geldtheorie Léon Walras', Diss. Köln 1932.
Schumpeter, Joseph, Marie Esprit Léon Walras, in: Dogmenhistorische und biographische Aufsätze, Tübingen 1954.

Vilfredo PARETO (1848—1932), Schüler und Nachfolger WALRAS', baut die mathematische Gleichgewichtstheorie weiter aus. Zwar bleibt auch sein System noch statisch, doch verbessert er WALRAS' Betrachtungen durch eine Theorie der Wahlakte, gestützt auf die Indifferenzkurvenanalyse.

PARETO erkannte wie FISHER die Unmöglichkeit der Nutzenmessung. An die Stelle des Grenznutzens setzte er daher sog. 'Präferenzskalen'. Mit diesem geometrischen Darstellungsmittel gelang es, den Substitutionsvorgang insbesondere im Konsumentenverhalten zu veranschaulichen: in jedem Haushalt kann eine bestimmte Menge eines anderen Gutes ersetzt werden, d. h. zwei oder mehr unterschiedliche Güter-Mengen-Kombinationen haben für den Konsumenten den gleichen Nutzen. Der Konsument verhält sich dann „indifferent" in bezug auf die Wahl dieser oder einer anderen Kombination, weil alle diese Versorgungslagen ihm den gleichen Nutzen stiften. Um diese Nutzengleichung verschiedener Güterkombinationen sichtbar zu machen, benutzt PARETO Indifferenzkurven, wie sie zuerst EDGEWORTH, der allerdings selbst noch von der Notwendigkeit der Nutzenmessung überzeugt war, 1881 beschrieben hatte. Durch die Darstellung innerhalb eines Koordinatensystems läßt sich der Nutzen (d. h. die Linie gleicher Nutzenschätzung) ordinal festlegen, auf die bisher sich als praktisch undurchführbar erweisende kardinale Nutzenmessung kann verzichtet werden.

Die Theorie der Wahlakte (oder auch Theorie der Indifferenzkurven) bestimmt nun das Konsumentengleichgewicht mit Hilfe dieser, empirisch bestimmten Indifferenzkurven. Es ist dann erreicht, wenn kein Konsument mehr zu einer höhergeschätzten Güterkombination übergehen kann, ohne die anderen gleichzeitig zu zwingen, auf niedriger geschätzte Kombinationen auszuweichen.

Auch wenn PARETO das Walrassche Gleichungssystem durch den Ersatz der dort zunächst angenommenen festen Produktionsfunktion durch die Grenzproduktivitätstheorie verbesserte, war er doch wie WALRAS von der praktischen Unlösbarkeit überzeugt. Es kam ihm auch hier nur auf die theoretische Lösung an, die den Zusammenhang aller Preise, Einkommen usw. und die Bedingungen des allgemeinen Gleichgewichts zeigen sollte.[51]

Immerhin können nun Aussagen darüber gewonnen werden, wie ein Wirtschaftssubjekt bei gegebenem Einkommen und gegebenen Preisen eine maximale Bedürfnisbefriedigung (ein „Maximum an Ophelimität") erreicht, ohne daß die schon seit MENGER fragliche Messung von Grenznutzen, ihre Quantifizierung, notwendig wird. Eugenio SLUTSKY (1880—1948) hat dann 1915 die Theorie der Wahlakte in sehr mathematischer Form dargestellt[52] und nachgewiesen, daß eine maximale Bedürfnisbefriedigung dann erreicht wird, wenn das Gossensche Genußausgleichsgesetz erfüllt ist. Auch wird von ihm bereits das Gesetz der abnehmenden Grenzrate der Substitution entwickelt, dessen Entdeckung im allgemeinen John R. HICKS (geb 1904) zugeschrieben wird, der diese Theorie weiter ausbaute.[53] Er suchte MARSHALLS Partialanalyse für den Konsumentenhaushalt mit PARETOS Indifferenzkurvensystem zu verbinden, um daraus bestimmte Gesetze des Marktverhaltens zu gewinnen und ent-

[51] Vgl. Gerhard, Hans-Wolfram, Gleichgewicht als sozialwissenschaftliches Modell bei Vilfredo Pareto, Tübingen 1958.

[52] Slutsky, Eugenio, Sulla teoria del bilancio del consumatore, in: Giornale degli Economisti, Bd. 51, 1915.

[53] Hicks, John R., Value and Capital, Oxford 1939.

wickelt als Grenzfälle die Möglichkeit der vollkommenen Substitution und Komplementarität von Güterkombinationen. Innerhalb eines bestimmten Versorgungsniveaus (d. h. auf einer Indifferenzkurve) kann der Konsument verschiedene Versorgungslagen (d. h. Güterkombinationen) verwirklichen. Als Grenzrate der Substitution wird die Menge eines Gutes definiert, deren Wegfall den Zuwachs eines anderen Gutes um eine solche Grenzmenge im Urteil des Konsumenten gerade ausgleicht. An die Stelle eines nicht meßbaren Grenznutzens tritt damit eine reale Mengengröße. Diese Menge verringert sich bis zum Substitutionspunkt, in dem der Konsument nicht mehr das Bedürfnis hat, ein Gut durch ein anderes zu ersetzen. Statt des absoluten Grenznutzens wird von HICKS nunmehr das Verhältnis des Grenznutzens oder exakter der Grenzeinheit zweier Güter zueinander betrachtet, das Problem der Meßbarkeit des Nutzens ist damit umgangen.

Durch die Einführung der Bilanzgeraden schafft HICKS geometrisch die Möglichkeit, die Mengenkombinationen von Gütern gleicher Versorgungslage darzustellen und zu erkennen, welche Kombinationen bei gegebenen Einkommen und Preisen dem Konsumenten den höchsten Nutzen vermitteln.

Über die Grenzrate der Substitution lassen sich auch Erkenntnisse über das Verhalten der Haushalte bei Preis- und Einkommensänderungen gewinnen, die HICKS nach einem Substitutions- und Einkommenseffekt gliedert. Der Substitutionseffekt zeigt, wie sich bei gegebenen Einkommen durch eine Preisänderung die nachgefragte Menge der einzelnen Güter ändert (Preis-Konsum-Kurve), der Einkommenseffekt gibt an, wie die nachgefragte Menge bei einer durch Preisänderung bedingten Änderung des Realeinkommens variiert. Im einzelnen gelingt damit auch eine Erklärung der besonderen Relationen bei inferioren und superioren Gütern. Die Indifferenzkurvenanalyse ist schließlich von Erich SCHNEIDER[54] auf die Produktions- und Ertragstheorie

[54] Schneider, Erich, Theorie der Produktion, Wien 1934.

übertragen worden und kehrt bei Ragnar FRISCH (geb. 1895), Heinrich VON STACKELBERG (1905—1946) und Kenneth E. BOULDING (geb. 1910) wieder.

FRISCHS Isoquanten, VON STACKELBERGS Isophoren sind Kurven gleicher Erträge bei verschiedenen Produktionsfaktorkombinationen. Als Grenzrate der Substitution gilt dann die Menge eines Faktors, die man durch Vermehrung eines anderen Faktors um eine Grenzeinheit einsparen kann, ohne daß sich der Ertrag verändert.

Kritisch haben sich zur Indifferenzkurvenanalyse und der Theorie der Wahlakte vor allem Vertreter der jüngeren Grenznutzenlehre wie Hans MAYER (1879—1955), Leo ILLY (1888 bis 1952), Alexander MAHR (geb. 1896) geäußert, ferner Erich CARELL (geb. 1905) und Gisbert RITTIG (geb. 1904). Im wesentlichen wird eingewandt, es bestehe keine unendliche Variationsmöglichkeit indifferenter Güterkombinationen, die Indifferenzkurve selbst sei nur die Fiktion eines Experimentes, da keine unendlichen Erfahrungen über unendlich viele Kombinationen vorliegen können, und sie könnten nur zustande kommen, wenn der Haushalt mit dem unmeßbaren Nutzen exakt rechne, was man gerade vermeiden wollte.

Weiterführende Literatur:

Mayer, Hans, Der Erkenntniswert der funktionalen Preistheorie, in: Die Wirtschaftstheorie der Gegenwart, Bd. 2, Wien 1932, S. 148.

v. Stackelberg, Heinrich, Grundlagen der theoretischen Volkswirtschaftslehre, Bern 1948.

Illy, Leo, Grundprobleme der Preistheorie, in: Neue Beiträge zur Wirtschaftstheorie, Festschrift anläßlich des 70. Geburtstages von Hans Mayer, Wien 1949, S. 168 ff.

Mahr, Alexander, Das Gesetz vom Grenznutzenniveau im Lichte der Kritik, ebd. S. 126 ff.

Rittig, Gisbert, Die Indeterminiertheit des Preissystems, in: Jahrb. f. Sozialw., Bd. 1, 1950.

Carell, Erich, Über Voraussetzungen und Erkenntniswert des Indifferenzkurvensystems des Haushaltes, in: Wirtschaftstheorie und -politik, Festgabe für Adolf Weber, hrsg. v. Alfred Kruse, Berlin 1951.

Müller, J. Heinz, Grundlage der allgemeinen Theorie der Wahlakte, in: Jahrb. f. Nat. u. Stat., Bd. 164, 1952.
Zinn, Karl Georg, Die Einschränkung von Indifferenzbereichen durch soziale Substitutionsgrenzen, in: Schmollers Jahrbuch, Bd. 90, 1970.

Eine nicht minder zu schätzende Bedeutung PARETOS liegt in seinen Leistungen auf dem Gebiet der Soziologie. Neben Karl MARX und Max WEBER ist er der dritte Nationalökonom, bei dem sich ökonomisches und soziologisches Denken eng verbinden. In seiner zuerst 1916 erschienenen Abhandlung über Soziologie entwickelt PARETO die These, die gesamte wirtschaftliche und politische Organisation der Gesellschaft, ihr Aufbau und Handeln werde immer von denselben Instinkten, den sog. 'Residuen' bestimmt. Gerade auch das wirtschaftliche Verhalten würde von diesen Residuen geprägt. In der Wirklichkeit äußern sich diese Residuen jedoch nicht unnmittelbar und offen, sondern treten in bestimmten Verkleidungen, den sog. 'Derivationen' in Erscheinung.

Im heutigen Sprachgebrauch könnten diese Derivationen als Ideologien bezeichnet werden, die wenig mit der ratio in Einklang stehen, sondern aus unbewußt verdrängten Motivationen stammen. Als Beispiel für PARETOS These mag der Erwerbstrieb, der Egoismus gelten: Bereits in der klassischen Nationalökonomic als legitim für das Marktverhalten angesehen, wurde dieses Motiv in der Welt des angelsächsischen Puritanismus derart eingegliedert, daß nach der Prädestinationslehre sich im wirtschaftlichen Erfolg des Menschen im Diesseits die göttliche Vorherbestimmung erkennen lasse. Ein Verhältnis Residuen/Derivationen läßt sich hierbei sicherlich nachweisen.

In seiner Lehre vom Kreislauf der Eliten glaubt PARETO feststellen zu können, daß im Ablauf der Geschichte immer eine Herrenschicht durch eine andere abgelöst wird. Die instinktsicheren, ihrer Mission bewußten und Ideologien schaffenden Eliten, wobei der Ausdruck völlig wertfrei zu verstehen ist, sind danach die eigentlich dynamischen Faktoren im gesellschaftlichen und wirtschaftlichen Leben. Sobald sich eine neue Elite entwickelt hat, muß die alte abtreten, wobei häufig Vertreter der überlebten Elite der neuen Elite Vorschub leisten. In der Industriegesellschaft z. B. trete der Geburtsadel hinter den Geldadel zurück, der schließlich vom Industrieproletariat in Verbindung mit dem Managertum entmachtet werde. Dieser Verdrängungsprozeß würde durch einzelne Vertreter der alten Elite unterstützt, die als Intellektuelle und Ideologen die Führerschaft des Proletariats übernehmen, bis sie schließlich von der neu aufsteigenden Elite verdrängt werden.

Mit Pareto erreicht die abstrakt-mathematisch-logische Theorie einen Höhepunkt, an dem Pareto selbst auf die Einseitigkeit dieser Betrachtung verweist und gerade in seinen soziologischen und politischen Arbeiten auch auf die irrationalen und emotionalen Beweggründe menschlichen Handelns hinweist.

Weiterführende Literatur:

Pareto, Vilfredo, Cours d'économie politique, 2 Bde., Lausanne 1896/97.

—, Manuale di economia politica, Mailand 1906.

—, Trattato di sociologia generale, 3 Bde., Florenz 1923.

—, Allgemeine Soziologie, ausgewählt, eingeleitet und übersetzt von Carl Brinkmann, Tübingen 1955.

Weinberger, Otto, Vilfredo Pareto, in: HdSt, Bd. 8, Jena 1928.

Brinkmann, Carl, Über Vilfredo Pareto, in: Jahrb. f. Sozialw., Bd. 1, Göttingen 1950.

Parsons, Talcott, Vilfredo Pareto, in: Encyclopedia of Social Sciences, Bd. 11, New York 1950.

Gerhard, Hans-Wolfram, Gleichgewicht als sozialwissenschaftliches Modell bei Vilfredo Pareto, in: Jahrb. f. Sozialw., Bd. 4/10, 1959.

Eisermann, Gottfried, Vilfredo Pareto als Nationalökonom und Soziologe, Tübingen 1961.

—, Vilfredo Paretos System der allgemeinen Soziologie, Stuttgart 1962.

Hamann, Rudolf, Paretos Elitentheorie und ihre Stellung in der neueren Soziologie, Stuttgart 1964.

Gerhard, Hans-Wolfram, Pareto, in: HdSW, Bd. 8, 1964.

Enrico Barone (1859—1924), Schüler Paretos, arbeitete ebenfalls mit dem Walrasschen Gleichungssystem. Sein besonderes Verdienst liegt darin, ein entsprechendes System für die gelenkte Wirtschaft eines kollektivistischen Staates aufgestellt zu haben. Er entwickelt dazu das Modell einer sich an der Nachfrage orientierenden Zentralverwaltungswirtschaft[55] und versucht, den Einsatz aller Produktionsfaktoren in einem Gleichungssystem abzustimmen. Angeregt zu dieser Übertragung wurde BARONE durch die von VON WIESER und PARETO[56] behauptete Identität der Wertrechnung in Sozialismus und Kapitalismus. Unter der Annahme, daß technische Produktionskoeffizienten, Nachfrage- und Angebotsfunktionen bekannt seien, könne eine Zentralverwaltungswirtschaft dieser Form letztlich mit gleicher Rationalität arbeiten wie eine Konkurrenzwirtschaft und einen gleichgewichtigen Optimalzustand erreichen, der dann einer Marktwirtschaft entspricht. Die Vielzahl der Bedingungen und zu lösenden Gleichungen ließ BARONE zu dem Schluß kommen, daß auch hier das Problem nur formal, nicht aber praktisch zu lösen sei. EUCKEN hat BARONE später vorgehalten, sein Modell einer nachfrageorientierten Zentralverwaltungswirtschaft sei a priori konstruiert und in der Praxis unerfüllbar. Immerhin hat BARONE erste Einsichten in das Funktionieren einer Zentralverwaltungswirtschaft gewonnen.

Auf die mathematisch übersichtliche Darstellung der Kostenlehre durch BARONE, die weithin in dieser Form Gemeingut der modernen Kostentheorie geworden ist, wurde bereits hingewiesen.

Maffeo PANTALEONI (1857—1924) hat schließlich eine mathematisch übersichtliche Darstellung der Gleichgewichtslehre gegeben, Luigi AMOROSO (geb. 1886) mit seinen Arbeiten zur Monopolpreistheorie das mathematische Erbe der Lausanner Schule weiter gepflegt.

[55] Barone, Enrico, Il ministro della produzione nello stato collectivista, in: Giornale degli Economisti, 1908; ähnlich früher schon Charles Constantin Pecqueur (1801—1887), Théorie nouvelle d'économie sociale et politique, Paris 1842.

[56] v. Wieser, Friedrich, Der natürliche Wert, Wien 1889; Pareto, Vilfredo, Cours d'économie politique, Lausanne 1896/97, S. 364 ff.

Weiterführende Literatur:

Pantaleoni, Maffeo, Principi di economia pura (1889), 2. Aufl., Florenz 1894.

Amoroso, Luigi, La teoria matematica del monopolio, in: Giornale degli Economisti, August 1911.

Wenngleich von der österreichischen Grenznutzenschule herkommend, hat sich Joseph A. SCHUMPETER (1883—1950) ebenfalls den Lehren der Lausanner Schule zugewandt und deren Gedankengut besonders außerhalb der romanischen Länder verbreitet (Schumpeter lebte und lehrte seit 1932 in den USA).

Besondere Aufmerksamkeit widmet er dem Zeitmoment in der Wirtschaft. Als zwei wesensverschiedene Kreislaufprozesse werden die statische[57] und die dynamische[58] Wirtschaft unterschieden. Die statische Wirtschaft entspricht einem starren, invarianten Kreislaufmodell, das Änderungen nur exogen, d. h. durch kreislauffremde Elemente erfährt. Durch die gegenseitige Abhängigkeit aller Größen ist zwar innerhalb des Modells alles in Bewegung, aber diese Bewegung ist gleichförmig ohne ändernde Impulse. In Anlehnung an die Gleichgewichtsmodelle von WALRAS und PARETO läßt sich diese Wirtschaft mathematisch darstellen. In dieser statischen Wirtschaft entspricht das Angebot stets der Nachfrage, gibt es keinen Unternehmergewinn, keinen Zins, das Geld ist völlig neutraler Tauschmittler. Bedarfsumschichtungen, Bevölkerungsveränderungen u. ä. Änderungen rechnet SCHUMPETER noch insoweit zur Statik, als die Wirtschaft durch sofortige Anpassung einen den neuen Verhältnissen entsprechenden Gleichgewichtszustand erreicht. Außerwirtschaftliche Datenänderungen und ihre Rückwirkungen auf die Wirtschaft stören damit das statische Modell noch nicht.

Der eigentliche Zweck eines solchen fiktiven Wirtschaftsmodelles liegt darin, an der Veränderung einer Größe zu erkennen,

[57] Schumpeter, Joseph, Das Wesen und der Hauptinhalt der theoretischen Nationalökonomie, (Wien/Leipzig) München 1908.

[58] Ders., Die Theorie der wirtschaftlichen Entwicklung, Eine Untersuchung über Unternehmergewinn, Kapital, Kredit, Zins und den Konjunkturzyklus, München-Leipzig 1912.

wie sich diese auf andere Größen auswirkt (sog. Variationsmethode), ein Verfahren, das später zur komparativen Statik erweitert wurde.

Die dynamische Wirtschaft bringt im Gegensatz dazu aus ihr selbst immanenten Kräften ständige Änderungen des Wirtschaftsablaufs hervor.[59] Besonders wirkt sich die schöpferische Kraft des „dynamischen Unternehmens" aus, d. h. des Produzenten, der neue Güter herstellt, neue Faktorkombinationen durchsetzt, neue Absatzmärkte erschließt, eine Neuordnung der Marktverhältnisse erreicht. Über diese dynamische Entwicklung läßt sich nun auch die Entwicklung des Zinses (dynamische Zinstheorie) erklären: Nur der fortschrittliche Unternehmer erzielt einen Unternehmergewinn, kann Kapital einsetzen und aus dem geschaffenen Wertzuwachs im Ablauf der wirtschaftlichen Entwicklung auch Zins zahlen. Allerdings fließt dieses Wertagio dem wagemutigen Unternehmer nur begrenzte Zeit zu. Sobald die Konkurrenten gefolgt sind, verschwindet dieses Agio, die Fähigkeit, Zins zu zahlen geht dann ebenso wie der Unternehmergewinn wieder zurück. Die Kritik an der dynamischen Zinstheorie weist unter anderem darauf hin, daß auch in der statischen Wirtschaft Kredite gegeben werden und dafür ein Zins gezahlt wird.[60]

Aus seiner Darstellung der Dynamik gelangt SCHUMPETER zu einer Konjunkturtheorie, die die wellenartigen Schwankungen der Wirtschaft auf die Durchsetzung neuer Faktorkombinationen, auf die Tätigkeit der dynamischen Unternehmungen, zurückführt. Diese führe zum Aufschwung, der dann ein Ende finde, wenn die Masse der Unternehmer nachgezogen habe, Unternehmergewinne verschwinden und ein neues Gleichgewicht eintrete. Nach einem Verharren in diesem neuen Gleichgewicht folge, da die Unternehmer nicht kontinuierlich, sondern stoßweise mit ihren Neuerungen auftreten, ein neuer dynamischer Anstoß: die nächste Welle beginnt.

[59] In ähnlicher Weise hatte bereits Marx eine Strukturänderung der kapitalistischen Wirtschaft aus dieser selbst heraus behauptet.

[60] Zur Kritik im einzelnen vgl. Kruse, a. a. O., S. 284.

Auf diese Weise verknüpft SCHUMPETER seine Konjunktur- und Zinstheorie mit seiner Theorie des dynamischen Unternehmers. Die Kritik wendet sich auch hier gegen die Konstruktion des statischen Modells, die zu diesen Schlüssen führt: fehlender Kredit, Zins- und Unternehmergewinn, die sich alle erst aus der Tätigkeit des dynamischen Unternehmers ergeben. Veränderungen der Geldversorgung, der Bedürfnisse usw. gehen in die Konjunkturtheorie SCHUMPETERS nicht ein. Im Prinzip ist auch die Konjunkturtheorie, die aus der dynamischen Wirtschaft abgeleitet wird, statisch orientiert, weil der Konjunkturverlauf als Übergang zwischen zwei Gleichgewichtszuständen im Sinne der komparativen Statik dargestellt wird. Trotzdem hat SCHUMPETER erheblichen Einfluß gewonnen. In seiner Darstellung der Konjunktur hat er immer wieder anhand vieler Beispiele auf die von ihm hervorgehobenen Fakten hingewiesen. Die Rolle des Unternehmers im Wirtschaftsprozeß, der technische Fortschritt und seine Durchsetzung sind seither fester Bestandteil wirtschaftswissenschaftlicher Analysen, die moderne Wachstumstheorie findet in SCHUMPETERS Arbeiten zahlreiche Ansatzpunkte.

Weiterführende Literatur:

Außer den bereits genannten gehören zu Schumpeters Hauptwerken:

Schumpeter, Joseph, Business Cycles. A Theoretical, Historical and Statistical Analysis of the Capitalist Process, 2 Bde., New York/London 1939 (dtsch.: Konjunkturzyklen, Göttingen 1961).

—, Capitalism, Socialism and Democracy, New York/London 1942 (dtsch.: Kapitalismus, Sozialismus und Demokratie, Bern 1946).

—, History of Economic Analysis, 2 Bde., New York 1953 (dtsch.: Geschichte der ökonomischen Analyse, Göttingen 1965).

Zur Kritik an Schumpeters Trennung in Statik und Dynamik:

Lutz, Friedrich, Das Konjunkturproblem in der Nationalökonomie, Jena 1932, S. 93 ff.

Zur Kritik an seinem Unternehmerbegriff:

Streller, Rudolf, Statik und Dynamik in der theoretischen Nationalökonomie, Leipzig 1926, S. 89.

Lehnis, Felix, Der Beitrag des späten Schumpeter zur Konjunkturforschung, Stuttgart 1960.

Mann, Fritz Karl, Bemerkungen über Schumpeters Einfluß auf die amerikanische Wirtschaftstheorie, in: Weltw. Arch., Bd. 81, 1958.

4. *Kritik und Weiterentwicklung der Grenznutzenlehre*

Bereits von den Schülern und Nachfolgern der ersten Generation ist die Grenzbetrachtung, so unterschiedlich sie bereits durch die Entdeckung durch verschiedene Forscher war, vielfach modifiziert und ergänzt worden. Die Arbeiten der 'disutility-Lehre', der Versuch MARSHALLS, Kosten und Nutzen miteinander zu verbinden, entfernen sich immer mehr von dem ursprünglichen Anliegen MENGERS und seiner Schule. Auch die Feststellung der Unmeßbarkeit des Nutzens (FISHER, PARETO) und die Einführung der Indifferenzkurvenanalyse hatten den Wertbegriff zurücktreten lassen. Schließlich findet im Paretoschen Gleichungssystem eine vollständige „Entpsychologisierung" der Wertlehre statt.[61] Der Wertbegriff tritt schließlich sogar immer mehr in den Hintergrund und es bleibt eine auf mathematischen Hilfsmitteln aufbauende Theorie, die sich von monokausalen, wertbezogenen Erklärungsversuchen mehr und mehr abwendet. Gerade die Einseitigkeit auch ihrer subjektiven Wertlehre wurde den Grenznutzentheoretikern vor allem von Anhängern der Neo-Klassik (s. dort) immer wieder vorgeworfen: so wie die Klassik die Nachfrage vernachlässigt und den Wert aus den objektiven Kosten des Angebots bestimmt hätte, hätte die Grenznutzenschule die Kosten des Angebots vernachlässigt und nur die subjektiven Schätzungen der Nachfrager berücksichtigt. In der Preistheorie und der tatsächlichen Marktpreisbildung könnten daher viele Fragen ohne die Lehre vom subjektiven Wert erklärt werden. Bekanntgeworden ist die harte Kritik Gunnar MYRDALS (geb. 1898), eines Schülers von WICKSELL, an der Nutzwerttheorie:

[61] Stavenhagen, a. a. O., S. 289.

Sieht man sich die praktischen Resultate der subjektiven Wertlehre an, so ist man nicht gerade überwältigt. Sie lehrt uns nichts über die Wirklichkeit und hilft uns niemals, praktische Probleme zu lösen. Sie gibt uns ein abstraktes, unfruchtbares, für den Uneingeweihten äußerst verwickeltes theoretisches Schema, das selten mit einer konkreten Situation in Beziehung gebracht werden kann ohne die ganze Problemstellung zu verflachen. Es gehört zu jener Menge besonders in der Sozialwissenschaft so zahlreichen logischen Systembildungen, die uns ein Scheinwissen geben.[62]

Die bleibende Bedeutung der Wertlehre liegt dagegen

erstens in der Entwicklung der Theorie vom allgemeinen Gleichgewicht und damit auch der Hinführung zur Lehre vom Prinzip der Knappheit und zweitens in der Schaffung einer wissenschaftlich begründeten Wohlfahrtsökonomie.[63]

Für Deutschland, in dem im ausgehenden 19. Jahrhundert die Historische Schule dominierte, brachte die Grenznutzenlehre eine, wenn auch zunächst nur sehr zögernd aufgenommene, Wiederbelebung theoretischer Forschung. Adolf Weber (1876 bis 1963) sieht hierin geradezu ihre „historische Bedeutung".[64] Ist doch durch ihre streng formale Arbeitsweise die nationalökonomische Theorie bis zur Gegenwart in vielen Bereichen außerordentlich gefördert worden.

Anknüpfend an die Wiener Schule und ihre Vertreter haben sich im österreichischen Raum für die Grenznutzenlehre vor allem Viktor Mataja, Emil Sax (1845—1924), Richard Schüller und Robert Zuckerkandl (1856—1926) eingesetzt. Gleiches gilt für Joseph Schumpeter, der sich jedoch später mehr der reinen Theorie der Lausanner Schule zuwandte.

Trotz gleicher Sprache, die eine schnelle Verbreitung von Arbeiten der Wiener Schule erleichterte, bekannte sich in Deutsch-

[62] Myrdal, Gunnar, Das politische Element in der nationalökonomischen Doktrinbildung, Berlin 1932, S. 148.

[63] Kruse, a. a. O., S. 198.

[64] Weber, Adolf, Allgemeine Volkswirtschaftslehre, München 1928.

land nur Eugen von Philippovich zu dieser Lehre, viele andere folgten in ihren Ansichten entweder der Historischen Schule oder blieben doch an die Klassische Lehre gebunden. Zumindest Konzessionen an die neue Wertlehre machten Adolph Wagner (1835—1917) und Wilhelm Lexis (1837—1914), weitergehend versuchten Albert Schäffle (1831—1905) und Heinrich Dietzel (1850—1935) zu einer Synthese zwischen objektiver und subjektiver Wertlehre zu gelangen — ähnlich wie dies der Amerikaner Herbert J. Davenport versucht hatte — ohne jedoch damit Erfolg zu haben.[65] Auch der Einfluß von Otto Weinberger (1882—1958), Wilhelm Vleugels (1893—1942) und Emil Lederer (1882—1939), die sich teilweise kritisch mit der Wertlehre auseinandersetzten, blieb gering.

Unter den Gegnern der Wertlehre nimmt Robert Liefmann (1874—1941) einen besonderen Platz ein, weil bei ihm der angelsächsische Zweig der Grenznutzenlehre, die Grenzleidbetrachtung, eine Rolle spielt. Liefmann baut eine völlig wertfreie Nationalökonomie auf psychologischer Grundlage auf. Jedes Wirtschaftssubjekt strebe in seinen ökonomischen Handlungen durch ständigen Vergleich von Kosten und Nutzen das Nutzenmaximum an. Bei den ökonomischen Handlungen ist nicht der isolierte Wert einzelner Güter, sind nicht die Beziehungen des Menschen zu diesen Gütern entscheidend, sondern ein Bündel von Vorstellungen, Erwartungen und Empfindungen, dem ein psychologischer Vergleich (Lust- und Unlustgefühl) meh-

[65] Wagner, Adolph, Lehr- und Handbuch der politischen Ökonomie, Bd. I: Allgemeine oder theoretische Volkswirtschaftslehre, 1. Teil: Grundlegung, Leipzig-Heidelberg 1876. — Ders., Allgemeine und theoretische Sozialökonomik, Berlin 1901.
Lexis, Wilhelm, Allgemeine Volkswirtschaftslehre, Berlin 1910.
Schäffle, Albert, Die ethische Seite der nationalökonomischen Lehre vom Wert, Tübingen 1862, in: Gesammelte Aufsätze I., Tübingen 1885.
Dietzel, Heinrich, Theoretische Sozialökonomik, Leipzig 1885.
v. Beckerath, Erwin, Heinrich Dietzel als Nationalökonom und Soziologe, Bonn 1944.

rerer Alternativen zugrunde liegt. In der Erwerbswirtschaft wird dieser Vergleich mit Hilfe der Geldrechnung vorgenommen, wobei die Rechnungseinheit Geld je nach den Einkommensverhältnissen unterschiedlich eingeschätzt wird. Entsprechend der Nutzenmaximierung werden bei der Beschaffung von Gütern (Beschaffungsleid = Arbeitsleid) alle Mittel so eingesetzt, daß sie den höchstmöglichen Ertrag bringen. Dies gilt auch für die letzte Einheit, so daß die Volkswirtschaft zu einem Ausgleich der Grenzerträge aller Wirtschaftssubjekte tendiert, um damit ein Maximum an Nutzen zu realisieren.[66] Diesem 'Gesetz des Ausgleichs der Grenzerträge' liegen, wenn auch modifiziert, die bereits in den Gossenschen Gesetzen zum Ausdruck gekommenen Zusammenhänge zugrunde.[67] LIEFMANN ist jedoch nicht durch diese theoretischen Arbeiten, sondern weit mehr durch seine Untersuchung kapitalistischer Organisationsformen bekanntgeworden.[68]

Zu den Kritikern der Grenznutzenlehre, insbesondere der Werttheorie, gehören auch Gustav CASSEL (s. dort) und Friedrich VON GOTTL-OTTLILIENFELD (1868—1958), der vor allem ihre Wirklichkeitsferne beklagt.[69]

Erst um die Zeit des ersten Weltkrieges und in den nachfolgenden Jahren findet die Grenznutzentheorie in Deutschland mehr Beachtung. Schließlich läßt sich nach dem zweiten Weltkrieg eine als 'jüngere österreichische Schule' bezeichnete Gruppe von Forschern erkennen, die versuchen, die Einsichten der

[66] Liefmann, Robert, Grundsätze der Volkswirtschaftslehre, 2 Bde., Stuttgart/Berlin 1917/1919.
Stavenhagen, a. a. O., S. 277.

[67] Klug, Oskar, Robert Liefmanns Gesetz des Ausgleichs der Grenzerträge, Kritik und Beweisführung, Berlin 1929.

[68] Liefmannn, Robert, Die Unternehmungen und ihre Zusammenschlüsse, Bd. I: Die Unternehmungsformen mit Einschluß der Genossenschaften und der Sozialisierung, Stuttgart 1912; Bd. II: Kartelle, Konzerne und Trusts, Stuttgart 1905.

[69] v. Gottl-Ottlilienfeld, Friedrich, Die wirtschaftliche Dimension. Eine Abrechnung mit der sterbenden Wertlehre, Jena 1923.

Grenznutzenlehre der Wirklichkeit weiter anzupassen und sich mit der Kritik auseinanderzusetzen. Hierzu gehören insbesondere Hans MAYER, Friedrich A. VON HAYEK (geb. 1899), Karl LANDAUER (geb. 1891), Leo ILLY, Wilhelm WEBER und Alexander MAHR (geb. 1896).

Weiterführende Literatur:

Mayer, Hans, Untersuchungen zu dem Grundgesetz der wirtschaftlichen Wertrechnung, in: Zeitschr. f. Volksw. u. Sozialpol., N.F., Bd. 1, 1921; Bd. 2, 1922.

Landauer, Karl, Grundprobleme der funktionellen Verteilung des wirtschaftlichen Wertes, Jena 1923.

Mayer, Hans, Der Erkenntniswert der funktionellen Preistheorie, in: Die Wirtschaftstheorie der Gegenwart, Bd. 2, Wien 1932.

Illy, Leo, Das Gesetz des Grenznutzens, Untersuchungen über die Wirtschaftsrechnung der Konsumenten, Wien 1948.

Mahr, Alexander, Volkswirtschaftslehre, Wien 1948.

—, Das Gesetz vom Grenznutzenniveau im Lichte der Kritik, in: Neue Beiträge zur Wirtschaftstheorie, Festschrift anläßlich des 70. Geburtstages von Hans Mayer, hrsg. v. Alexander Mahr u. a., Wien 1949.

Krelle, Wilhelm, Die „Neue Österreichische Schule" in der Nationalökonomie, in: Jahrb. f. Nat. u. Stat., Bd. 164, 1952.

Weber, Wilhelm, Wirtschaftswissenschaft von heute, Wien 1953.

Zur Grenznutzenlehre:

Kaulla, Rudolf, Die geschichtliche Entwicklung der modernen Werttheorien, Tübingen 1906.

Diehl, Karl, Die Entwicklung der Wert- und Preistheorie im 19. Jahrhundert, in: Entwicklung der deutschen Volkswirtschaftslehre im 19. Jahrhundert, Schmoller Festschrift, I, Leipzig 1908.

Weinberger, Otto, Die Grenznutzenschule, Halberstadt 1926.

Voigt, Andreas, Werturteile, Wertbegriffe und Werttheorien, in: Zeitschr. f. d. ges. Staatsw., Bd. 84, 1928.

v. Mises, Ludwig; Spiethoff, Arthur (Hrsg.), Probleme der Wertlehre, Bd. 183 der Schriften des Vereins für Socialpolitik, 2 Bde., München 1931/1933.

Vleugels, Wilhelm, Über Leistung, Schwächen und tatsächliche Bedeutung der deutschen (österreichischen) Nutzwertlehre, in: Schmollers Jahrbuch, Bd. 61, 1937.

Knight, Frank H., Die Grenznutzenlehre, in: Montaner, A. (Hrsg.), Geschichte der Volkswirtschaftslehre, Köln/Berlin 1967.

Bleibende Bedeutung hat insbesondere die mathematische Richtung der Grenznutzenlehre durch die Einführung mathematischer Denk- und Darstellungsweisen in den Bereich der Nationalökonomie erlangt. Neben der verbalen Analyse hat sich bis zur Gegenwart die mathematische Methode immer stärker durchgesetzt, die gerade hier auch innerhalb der Grenznutzenschule geführten Auseinandersetzungen haben insoweit die Anerkennung der Mathematik für die Wirtschaftswissenschaften als geeignetes Instrument zur Analyse und Darstellung von Zusammenhängen gebracht.

Vor COURNOT und GOSSEN hatten bereits Nicolas François CANARD (1755—1833) und William WHEWELL (1894—1966) mit algebraischen Formeln gearbeitet. Auch bei Johann Heinrich VON THÜNEN und dem „deutschen Klassiker" Hans VON MANGOLDT (1824—1868) sind mathematische Ansätze zu finden.

Aber erst nach dem Bekanntwerden der Arbeiten von WALRAS und JEVONS hat die mathematische Methode mehr Verbreitung und Beachtung gefunden. In England erschienen die Arbeiten von WICKSTEED und BOWLEY, in USA bediente sich FISHER der Mathematik, in Deutschland sind Wilhelm LAUNHARDT, Richard LIEBEN und Rudolf AUSPITZ zu nennen.

In den Werken VON STACKELBERGS, CASSELS und der später anknüpfenden Nationalökonomie, die sich mit Preis- und Marktformentheorie beschäftigen, wird die Mathematik zum Allgemeingut.

Die mathematische Arbeitsweise und die letztlich durch KEYNES angeregte Betrachtung quantitativer Verhältnisse und Zusammenhänge haben schließlich zur Ausbildung einer eigenen Disziplin, der Ökonometrie, geführt.

Weiterführende Literatur:

Launhardt, Wilhelm, Mathematische Begründung der Volkswirtschaftslehre, Leipzig 1885.

Auspitz, Rudolf; Lieben, Richard, Zur Theorie des Preises, Leipzig 1887.

Schumpeter, Joseph, Über die mathematische Methode in der ökonomischen Theorie, in: Zeitschr. f. Volksw., Sozialpol. u. Verw., Bd. 15, 1906.

Weinberger, Otto, Mathematische Volkswirtschaftslehre, Leipzig/Berlin 1930.

Winkler, Wilhelm, Grundfragen der Ökonometrie, Wien 1951.

Peter, Hans, Mathematische Strukturlehre des Wirtschaftskreislaufs, Göttingen 1954.

Brand, Heinz W., Über die Fruchtbarkeit mathematischer Verfahren in der Wirtschaftstheorie, Frankfurt/Main 1959.

Reichardt, Helmut, Art.: Mathematische Theorie, in: HdSW, Bd. 7, 1961.

Kovros, A., Elements of Mathematical Economics, Boston 1965.

II. DIE NEO-KLASSIK

Während sich MARSHALL und seine Schule bemühten, die Lehre der Klassik mit den Gedanken der Grenznutzentheorie zu vereinigen, haben andere Nationalökonomen den Versuch unternommen, unter entschiedener Ablehnung der Grenznutzentheorie und ihrer Wertlehre die klassische Lehre neu zu beleben. Charakteristisch für die Anhänger dieser sog. 'Neo-Klassik'[1] ist, daß sie eine besondere ökonomische Werttheorie ablehnen und sich im wesentlichen auf die Grundlagen der Preistheorie stützen.

In Deutschland knüpft vor allem Heinrich DIETZEL (1857 bis 1935) zunächst in der Auseinandersetzung mit der Historischen Schule an die Lehrsätze der Klassik an. Er sucht die Grenznutzentheorie zu integrieren, indem er zugesteht, daß der Wert der Güter vom Nutzen abhängig sei, die Kosten jedoch nichts anderes als Nutzeneinbuße darstellten. Insofern widerspreche die klassische Auffassung, daß der Wert von den Kosten abhänge, nicht der Grenznutzenlehre. In der Abhängigkeit des Wertes von den Reproduktionskosten bei beliebig vermehrbaren Gütern deckt sich DIETZELS Auffassung mit der Klassik, für die Wertbestimmung der nichtvermehrbaren Güter zieht er den Grenznutzen zur Erklärung heran.

[1] Über den Begriff besteht keine Einigkeit. So rechnet Schmölders z. B. auch Marshall durch sein Anknüpfen an klassische Lehren zur Neo-Klassik (vgl. Schmölders, a. a. O., S. 97). Gleiche Einordnungsschwierigkeiten ergeben sich bei anderen Gelehrten, die sowohl klassische als auch Gedanken der durch die Grenznutzenschule wiederbelebten Theorie aufnahmen und eigenständig weiterentwickelten. Je mehr sich die Betrachtung der Gegenwart nähert, um so weniger lassen sich einzelne Gelehrte bestimmten Richtungen oder Schulen zuordnen.

Während sich Dietzel in seinem Hauptwerk intensiv mit der Wertlehre auseinandersetzt,[2] kommt er später zu dem Schluß, die Volkswirtschaftslehre könne ohne spezielle Wertlehre, ohne „psychologische Grundlegung“ auskommen.[3] Bei der Bildung der Marktpreise würden sich die subjektiven Nutzeneinschätzungen der Individuen in den objektiven Daten des Marktes widerspiegeln, auf diese marktwirtschaftlichen Beziehungen aber komme es für theoretische Erklärungen allein an. Sein Urteil über die Wertlehre faßt Dietzel zusammen: „Ein großer Aufwand war nutzlos vertan — mit dem einzigen Ergebnis, daß unsere Wissenschaft durch die Scholastik der Wertlehre bei so vielen in Mißkredit kam.“ [4]

Dietzel folgte der klassischen Lehre nicht bedingungslos. Eine wesentliche Korrektur gelang ihm bei der Erklärung des Zusammenhangs von Grundrente und Lohn mit Hilfe seiner Konträrtheorie. Er widersprach damit der Ricardianischen Paralleltheorie, wonach sich aus zwingenden ökonomischen Gründen Grundrente und Lohn stets in gleicher Richtung bewegen würden. Nach Ricardo müssen, wenn sich durch steigende Getreidepreise in einem Land die Grundrente erhöht, auch die Löhne steigen, da andernfalls das Existenzminimum unterschritten wird, was auf Dauer nicht möglich ist. Allerdings äußert sich dieser Parallelzusammenhang nur in einer nominellen Lohnerhöhung, die reale Situation verbessert sich nicht. Dietzel argumentiert demgegenüber, daß bei steigenden Getreidepreisen und damit steigender Grundrente der Lebensstandard der Arbeiter falle, da der Lohn durch die Grenzproduktivität der Arbeit bestimmt sei und durch das Hinausschieben der Produktion auf schlechtere Böden diese Grenzproduktivität sinke. Diese Auffassung hat sich dann gegenüber der klassischen Lehre durchgesetzt, Heinrich

[2] Dietzel, Heinrich, Theoretische Sozialökonomik, Leipzig 1895.

[3] Dietzel, Heinrich, Vom Lehrwert der Wertlehre und vom Grundfehler der Marxschen Verteilungslehre, in: Zeitschr. f. Sozialw., Bd. 24, 1921.

[4] Ebenda, S. 144 f.

von Stackelberg, Erich Carell u. a. schließen sich der Konträrtheorie an.

Der schwedische Nationalökonom Gustav Cassel (1866 bis 1945) wird zum bekanntesten Vertreter der Neo-Klassik. Seine Wirtschaftslehre, der die moderne Theorie viele Begriffe und Definitionen verdankt, wird vom Prinzip der 'Knappheit' beherrscht. Theoretische Probleme waren für ihn primär Probleme der Preistheorie, die Preise aber sind vom Prinzip der Knappheit her zu sehen, d. h. von der Notwendigkeit, den Konsum zur Befriedigung der menschlichen Bedürfnisse mit der knappen Güterversorgung in Einklang zu bringen. Der einfache Tatbestand, daß ein Preis am Markt nur einen bestimmten Teil der Nachfrage befriedigt, zeigt die Knappheit. Der Preismechanismus bringt die Nachfrage mit dem knappen Angebot in Übereinstimmung, die einzelnen Konsumenten müssen sich aufgrund der Preise für die Befriedigung ihrer dringendsten Bedürfnisse entscheiden. Aus dem Prinzip der Knappheit ergibt sich damit als Korrelat die Forderung nach Wirtschaftlichkeit (= allgemeines ökonomisches Prinzip). Cassel versteht darunter:

1. Die Gleichmäßigkeit der Bedürfnisbefriedigung, d. h. ein weniger wichtiges Bedürfnis darf nicht vor einem wichtigeren befriedigt werden (vgl. die Gossenschen Gesetze). Die Rangordnung der Bedürfnisse muß um der Wirtschaftlichkeit willen beachtet werden.
2. Das Prinzip des kleinsten Einsatzes für einen gegebenen Zweck, speziell die Preisbildung hat hier die Aufgabe, den knappen Gütervorrat so zu verteilen, daß nur die jeweils wichtigsten Bedürfnisse befriedigt werden.

Der Begriff Knappheit ist bei Cassel durchaus eine subjektive Größe und entspricht dem, was Walras als 'rareté' bezeichnet hatte. Trotzdem will Cassel die Wertlehre ausgeschaltet wissen, ihre Begriffe seien unklar, nicht faßbar, der Wert laufe auf die Fiktion hinaus, die wirtschaftliche Bedeutung der Güter anhand der Intensität unserer Bedürfnisse zu messen, Gefühle aber ließen sich nicht messen. Cassel hält es zwar für unerläßlich, daß über den Marktmechanismus die verschiedenen Werturteile auf einen einheitlichen Nenner gebracht werden, sieht dies jedoch als rein rechentechnische Aufgabe des Geldes an. Er ersetzt den Wert durch eine Schätzung in Geld, weil die Intensität der Bedürfnisse nur in Geld ausgedrückt werden kann. Aufgrund dieser Hypothese tritt an die Stelle der Wertlehre die funktionale Preistheorie, die zum Kernstück der Casselschen Lehre wird.

Cassels Knappheitsprinzip, das das Wesen aller wirtschaftlichen Prozesse bestimmt, regelt über den Preismechanismus in einer Konkurrenz- oder Marktwirtschaft auch die Übereinstimmung eines potentiell uneingeschränkten Konsums und eines begrenzten Güterangebots. Eine weitere fundamentale Annahme sagt, daß alle zur Bedürfnisbefriedigung dienenden Güter innerhalb eines bestimmten Zeitraums nur in bestimmten Mengen verfügbar sind. Das quantitative Güterangebot ist ebenso wie das Geldangebot eine feststehende Größe. Unter dieser Annahme ist, sofern die Preise gegeben sind, die spezielle Güternachfrage jedes Konsumenten bestimmt. Dabei wird der Güterpreis von Cassel als unabhängige Variable angenommen, während die individuelle wie die Gesamtnachfrage zu Funktionen des Preises werden. Da aber die individuelle Nachfrage nach einem Gut solange nicht bestimmt ist, als auch die Preise aller anderen Güter unbestimmt sind (Preisinterdependenz), enthält Cassels Nachfragefunktion auch noch die Preise aller übrigen Güter als Variable. Sobald die Preise fixiert sind, kann die individuelle wie auch die Gesamtnachfrage bestimmt werden. Unter diesen Voraussetzungen muß die Gesamtnachfrage nach jedem Konsumgut bei Gleichgewichtszustand dem Angebot entsprechen.

Cassel will nachweisen, daß sich der Preisbildungsprozeß an einem System simultaner Gleichungen mathematisch darstellen läßt. Es gibt so viele Gleichungen wie Konsumgüter, so daß rechnerisch die Preisermittlung möglich ist.

Schließlich gibt Cassel die Annahme des begrenzten Konsumgüterangebotes auf: die meisten Güter könnten beliebig produziert werden, allein die Produktionsmittel seien begrenzt. An Stelle der Knappheit der Konsumgüter tritt die Knappheit der Produktionsmittel. Nach dem Prinzip der Wirtschaftlichkeit muß die Produktion so gelenkt werden, daß sie zunächst die dringlichsten Bedürfnisse befriedigt. Da nun die Konsumgüternachfrage auch die Produktionsfaktoren zur wünschenswerten Verteilung lenkt, bewirkt auch unter dieser Voraussetzung die Preisbildung, daß die dringlichsten Bedürfnisse, d. h. hier die zahlungskräftigsten Nachfrager, zuerst befriedigt werden. Auch jetzt ist die Nachfrage nichts anderes als eine Funktion des Preises. Sobald die Preise der Produktionsfaktoren gegeben sind und feststeht, wieviel von jedem Faktor notwendig ist, um eine Einheit eines bestimmten Gutes herzustellen, steht auch das Angebot fest. Für eine Tauschwirtschaft gilt ferner auch nicht mehr die Annahme gegebener Geldeinkommen. Die Einkommen resultieren aus Marktpreisen der elementaren Produktionsfaktoren, die von den Wirtschaftssubjekten zur Gesamtproduktion beigesteuert wurden. Damit werden auch die Einkommen in das allgemeine Preissystem einbezogen: die gesamte Einkommensverteilung wird zum funktionellen Preisbildungsprozeß.

Entscheidend für CASSELS Preissteuerung in einem nach liberalem Vorbild isolierten Bereich Wirtschaft sind die Kaufkraftverhältnisse der individuellen Nachfrager; die Marktwirtschaft ist ein dauerndes Konsumentenplebiszit. Nach CASSEL sind die Preise der Produktionsfaktoren die Kosten und zugleich die Einkommen der Eigner der Produktionsfaktoren. Sie werden aufgrund der Knappheit bezahlt, jeder andere Versuch der Rechtfertigung einer Preishöhe ist aus CASSELS Theorie verbannt. Auch bei der Bodennutzung bringt der Preis das knappe Angebot mit der potentiell unbegrenzten Nachfrage in Einklang. Dieser Preis ist eine reine Knappheitsrente; die Grundrente danach keine Differentialrente, sondern eine absolute Rente, die nach dem Prinzip der Knappheit dieses Bodens gezahlt wird.

In der Zinstheorie erklärt CASSEL in Anlehnung an SENIOR den Zins als einen Preis für das Warten, das in einer Volkswirtschaft für die Herstellung von Produktionsgütern und langlebigen Verbrauchsgütern, für die Überbrückung der Zeit zwischen Produktionsbeginn und Konsumreife, unerläßlich ist. Weil die Bereitschaft zum Warten, d. h. das Angebot an Kapital, nicht unbegrenzt ist, muß auch hier durch die Konkurrenz ein Preis, eben der Zins, entstehen.

Auch als Währungstheoretiker hat Cassel wichtige Beiträge geliefert: An die Stelle der herrschenden Zahlungsbilanz- setzte er seine Kaufkraftparitätentheorie zur Erklärung der Wechselkurse. Veränderungen der Zahlungsbilanz seien nicht Gründe, sondern nur ein Indiz für Schwankungen der Wechselkurse. Diese würden statt dessen von den Veränderungen des Binnenwertes einer Währung ausgelöst, d. h. von den Tauschwertveränderungen dieser Währung im Inland. Die Wechselkurse würden sich dann so einspielen, daß eine Parität der Kaufkraftverhältnisse zwischen Ausland und Inland zustande komme.

Cassels funktionale Preistheorie, ausgehend von der Gleichgewichtslehre, erreicht einen hohen Grad an Wirklichkeitsnähe. Sein unter Verzicht auf die zu dieser Zeit allgemein diskutierte Wertlehre rein theoretisch aufgebautes Lehrbuch bietet jenen, die den Historismus in Deutschland endlich überwunden hatten, eine erste Stütze und erreicht für Jahre großen Einfluß. Mit Cassels klarem, geschlossenem System lassen sich viele Markt- und Preiserscheinungen erklären, es sollte bis in die Gegenwart das theoretische Denken vieler Nationalökonomen bestimmen.

Weiterführende Literatur:

Cassel, Gustav, Grundriß einer elementaren Preislehre, in: Zeitschr. f. d. ges. Staatsw., Bd. 55, 1889.

—, The Nature and Necessity of Interest, London-New York 1903.

—, Theoretische Sozialökonomie, Leipzig 1918.

—, Grundgedanken der theoretischen Ökonomie, Leipzig 1926.

Amonn, Alfred, Cassels System der theoretischen Nationalökonomie, in: Arch. f. Sozialw. u. Sozialpol., Bd. 51, 1924.

Kromphardt, Wilhelm, Die Systemidee im Aufbau der Casselschen Theorie, Leipzig 1927.

Neubauer, Julius, Die Casselsche Preistheorie, in: Zeitschr. f. d. ges. Staatsw., Bd. 89, 1930.

Schultze, Karl, Cassels Preislehre. Eine Auseinandersetzung mit ihren Kritikern, Berlin 1932.

v. Stackelberg, Heinrich, Zwei kritische Bemerkungen zur Preistheorie Gustav Cassels, in: Zeitschr. f. Nat., Bd. 4, 1933.

Predöhl, Andreas, Gustav Cassel, in: Weltw. Arch., Bd. 61, 1945.
—, Cassel redivivus, in: Jahrb. f. Sozialw., Bd. 14, 1963.

Zur Neoklassik ist auch Adolf WEBER (1876—1963) zu rechnen, der sich CASSELS theoretischer Sozialökonomie anschließt. Auf ihn geht ein reiches literarisches Werk zurück, aus seiner Schule sind zahlreiche bekannte deutsche Nationalökonomen hervorgegangen, z. B. Erich CARELL, Alfred KRUSE (1912—1973), Fritz TERHALLE (1889—1962), Heinrich RITTERSHAUSEN (geb. 1898) u. a.

Gerade in der Anwendung und Vermittlung des bis dahin gesicherten theoretischen Wissens liegt das große Verdienst WEBERS. Eine Wertlehre nach dem Vorbild der Grenznutzenlehre gibt es für WEBER nicht, allein die Preisbildung am Markt steht im Mittelpunkt. Die subjektiven Wertvorstellungen der Marktteilnehmer liegen vor dem Markt, sie zu untersuchen ist nicht Aufgabe wirtschaftswissenschaftlicher Theorie, diese habe sich allein mit dem Preis und seinen Funktionen zu befassen. Aus dieser Einstellung wird WEBER auch zum Gegner von KEYNES, der ja in starkem Maße psychologische Ansätze benutzt, also in seiner Betrachtung vor dem eigentlichen Markt- und Preisbildungsprozeß einsetzt.

Für die Preisbildung ist die Knappheit aller Güter, der die Unbegrenztheit der Bedürfnisse gegenübersteht, das entscheidende Kriterium. Als volkswirtschaftliche Funktion des Preises definiert WEBER: 1. die Bereitstellung von Gütern, d. h. hohe Preise erhöhen das Güterangebot, sinkende Preise schränken es ein, 2. die Verteilungsfunktion, d. h. der Preis verteilt die Güter nach Maßgabe der beigesteuerten Produktionselemente, 3. die Auslesefunktion, d. h. der Preis schließt alle die vom Markt aus, die nicht über genügend Kaufkraft verfügen.

Der Preis wird so in dreifacher Weise zum Regulativ für eine konkurrenzwirtschaftliche Ordnung. Bei freier Preisbildung wird jedem ökonomischen Gut derjenige Platz zugewiesen, an dem es am dringlichsten benötigt wird. Diese Dringlichkeit wird mit dem verfügbaren Kaufkraftpotential gemessen.

Konjunktur und Krisen sind nach WEBER Bewegungsvorgänge von einem Preisgleichgewicht zu einem anderen (vgl. auch SCHUMPETER). Konjunkturelle Wechsel seien voraussehbar, die Krise selbst jedoch eine unvorhergesehene, systemfremde Störung des Marktvorganges, deren Ursachen exogener oder endogener Art sein können.

Wichtig wurde WEBERS Auseinandersetzung mit seiner wirtschaftlichen Gegenwart. Als primäres Ziel fordert er eine nachhaltige Verbesserung aller Arbeitseinkommen. Er gibt zu, daß die Gesetze von Angebot und Nachfrage sich nicht überall voll entfalten können, trotzdessen sei der Konkurrenzkampf am Markt das beste Ausleseprinzip einer Volkswirtschaft, gerade die freie kapitalistische Wirtschaft habe die stärkste Vermehrung an Vermögen und Einkommen gebracht, die Möglichkeit der Bedarfsdeckung und Güterversorgung sei stark gestiegen.

In zahlreichen Publikationen hat WEBER immer wieder zu aktuellen Fragen Stellung genommen.

Weiterführende Literatur:

Weber, Adolf, Allgemeine Volkswirtschaftslehre, München 1928.

—, Kurzgefaßte Volkswirtschaftslehre, München 1935.

—, Sowjetwirtschaft und Weltwirtschaft, Berlin 1959.

III. DER UNIVERSALISMUS OTHMAR SPANNS

Der Beitrag des österreichischen Nationalökonomen Othmar SPANN (1878—1950) gehört innerhalb der neueren Wirtschaftswissenschaften zu den eigenwilligsten Leistungen. SPANN vertritt eine „universalistische", „ganzheitliche" Wirtschaftstheorie, die sich bewußt von den individualistischen Grundanschauungen der Klassik abwendet. Kein volkswirtschaftliches Lehrsystem, so argumentiert SPANN, sei bisher in der Lage gewesen, seine Thesen allein von ökonomischen Voraussetzungen abzuleiten. Immer stütze sich die Wirtschaftstheorie auf die Anschauungen einer bestimmten Gesellschaftslehre; Volkswirtschaftslehre ohne soziologische Grundlegung sei damit unmöglich. Die Wirtschaft sei stets ein Teil des Gesellschaftslebens mit bestimmten Funktionen im Gesellschaftsganzen: „Ein Begriff der Mittel für bestimmte Ziele der Gesellschaft".[1] Die Volkswirtschaftslehre habe die gesellschaftlich bestimmten Ziele teleologisch, d. h. zweckgebunden zu erforschen. Bei allen Erscheinungen in der Wirtschaft müsse stets von den Zwecken ausgegangen werden, die diese Erscheinungen im gesellschaftlichen Ganzen zu erfüllen hätten. Der Volkswirtschaftslehre wird damit der Charakter einer eigenständigen Wissenschaft abgesprochen, sie ist nur ein Sonderfall der Soziologie.

Die Gesellschaftslehre könne eine Gemeinschaft individualistisch oder universalistisch auffassen:

1. Bei individualistischer Betrachtung werde die Gesellschaft als Summe ihrer Teile (Individuen) gesehen und von ihren einzelnen Teilen aus erklärt. Die Wirtschaftslehre der Klassik sei diesen Weg gegangen.
2. Bei universalistischer Betrachtung werde die Gesellschaft

[1] Stavenhagen, a. a. O., S. 301.

nicht als Addition von Individuen, sondern als eigener, selbständiger Organismus angesehen. Auch die Wirtschaftsbetrachtung dürfte hier nicht auf den einzelnen, sondern müsse auf die „Ganzheit" dieses Organismus abstellen.

Beide Betrachtungsweisen sind nach SPANN unvereinbar, so daß auch die Volkswirtschaftslehre entweder nur individualistisch oder universalistisch sein kann.

Für SPANN kommt, da die Gesellschaft als eigenständiges Ganzes zu sehen ist, nur die universalistische Betrachtung in Frage. Er stützt sich dabei auf die romantische Richtung Adam MÜLLERS (1779—1829), der bereits 1809 eine „ethisch-organische", sich auf die Einheit der Gesellschaft stützende Volkswirtschaftslehre gefordert hatte[2], die er der klassischen Lehre vom Eigennutz, der Hervorhebung des Individuums, entgegenstellte. Der Staat wurde von ihm nicht als Vereinbarung unter Individuen, sondern als selbständiger Organismus angesehen, dessen Einrichtungen vor den Interessen des einzelnen stehen. Durch die ganzheitliche Auffassung von Wirtschaft und Gesellschaft nähert sich SPANN auch jenen bei Friedrich LIST (1789 bis 1846) vertretenen Gedanken einer „nationalen", übergeordneten Bedeutung der Wirtschaft. Staat und Gesellschaft bestimmen die Ziele, die Wirtschaft hat lediglich Mittel für die bestimmten Zwecke bereitzustellen. Teleologisch betrachtet ergibt sich für die Mittel eine Rangordnung, nach der sie für die Erreichung bestimmter Endzwecke geeignet sind. Die Wirtschaft kann daher als ein „Gebäude rangordnungsgemäß gegliederter Mittel für Zwecke" definiert werden.

Im Mittelpunkt der weiteren Betrachtung SPANNS steht der Begriff der Leistung, der in seiner Lehre von den Leistungen und Leistungsgrößen entwickelt wird. Die Wirtschaft wird zu einem Leistungsgefüge, zu dessen Erfassung eine 'Gestaltlehre der Leistungen' aufgestellt wird, die wieder den Stufenaufbau der ganz-

[2] Müller, Adam, Elemente der Staatskunst, Berlin 1809.
Baxa, Jacob, Adam Müllers Philosophie, Ästhetik und Staatswissenschaft, Berlin 1929.

heitlichen Wirtschaft nach einzelnen Teil- und Zwischenganzen deutlich macht. Wenn SPANN als 'Leistungsgrößen' Werte und Preise bezeichnet, so ist Leistungslehre als Produktionslehre zu verstehen. Überhaupt bedarf es einiger Klarstellungen in der eigenwilligen, teilweise recht verworrenen Begriffswelt SPANNS, um seine theoretischen Vorstellungen zu beurteilen. So etwa auch, wenn er den Preis als „die Leistungsgröße des Mittels im überindividuellen Zusammenhang aller Mittel und damit Ausdruck ihrer Gliederung" bezeichnet. Komplizierte Begriffe entstehen auch bei der Beschreibung des volkswirtschaftlichen Reifegrades. Alle wirtschaftlichen Leistungen müssen drei Stufen oder Stadien durchlaufen, die SPANN 'Werkreife', 'Genußreife' und 'Marktreife' nennt. Bezogen sind diese Größen auf den Weg von der Leistungserstellung bis zum Verbrauch der produzierten Güter. Die Werkreife reicht von der Gewinnung der Rohstoffe bis zur Verfügbarkeit der Nutzengüter. Die Genußreife umfaßt die Stufe bis zur Konsumfähigkeit, wobei hier auch Verkehr und Handel erfaßt werden. Die Marktreife ist zwischen Werk- und Genußreife einzuordnen. Soweit Güter nicht in einem Zuge vom Hersteller bis zum Verbraucher wandern, gewinnt jedes dieser Tauschgüter die Marktreife, sobald ein Übergang vom Verkäufer an den Käufer erfolgt. Notwendig werden diese Begriffe für SPANN, weil zwischen dem gesellschaftlichen Ganzen und den einzelnen Verbrauchern Konflikte entstehen können und er hier Verantwortungsbereiche schaffen will: in der Werkreife dominiert die Entscheidung des Technikers, in der Genußreife disponiert der Einzelhaushalt und an der Marktreife müssen sich schließlich die Interventionen des Staates orientieren.

SPANN hat zahlreiche Einwände gegen die Lehre der klassischen Nationalökonomie. Vor allem erhebt er den Vorwurf, die Klassik fasse sämtliche wirtschaftlichen Erscheinungen nur als Markt- und Tauschvorgänge auf. Gerade bei Produktion und Verteilung gehe man aber an der Wirklichkeit vorbei, wenn man mit formalen Wert- und Preisgesetzen arbeite, die zudem nicht die gesellschaftlichen Ziele berücksichtigten. Es ist illusionär, das Maß der individuellen Kaufkraft zur Basis von gesellschaftlichen Rangordnungen zu machen; hier müsse der Staat intervenieren, um die Existenzbedürfnisse der schwächeren Schichten zu sichern. Statt der mechanisch-formalen Preistheorie der Klassik sucht SPANN den Preis organisch-historisch als Ausdruck volkswirtschaftlicher Leistungsgliederung zu erklären, der sich aus dem Gesamtzusammenhang aller Preise sowie ihrer Vergangenheit und Zukunft ergibt. Auch die Vorstellung des „gerechten Preises" als des Preises, der den richtigen Gliederbau einer Volkswirtschaft widerspiegelt, lebt bei SPANN erneut auf. Gegenüber den konkreten Aussagen der Grenznutzenlehre und der Fortbildung klassischer Ansätze in der Neo-Klassik ist SPANNS Versuch einer „universalistischen" Theorie unterlegen. Im Ergebnis hat seine Wirtschaftslehre der theoretischen Nationalökonomie in keiner Weise weitergeholfen, wenn auch Wilhelm ANDREAE (1888—1962), Viktor GUTTMANN, Walter HEINRICH (geb. 1902), Fritz OTTEL (1896—1968), Emanuel Hugo VOGEL (geb. 1875) und andere die Gedanken SPANNS aufgegriffen haben. Die von SPANN zeitweise erlangte Bedeutung darf die Zeitsituation nicht übersehen: 1. Kritik an der bislang bedingungslos hingenommenen Lehre der Klassik wurde bereitwillig aufgenommen, 2. das Eintreten für bestimmte gesellschaftliche Ziele — so etwa für die Ausgestaltung des Ständestaates — entsprach den faschistisch-syndikalistischen Wirtschafts- und Gesellschaftsordnungen, wie sie in Italien, Spanien und Portugal verwirklicht wurden. Andererseits hat sich SPANN gerade damit vom Gebiet der Erkenntnis auf das Gebiet des Bekenntnisses, der weltanschaulichen Ideologie begeben. Abgesehen davon, daß der Vorwurf grundsätzlicher Fehlerhaftigkeit gegenüber der Klassik nicht gerechtfertigt ist — er wurde selbst von MARX in dieser Form nicht erhoben —, betreibt SPANN eher soziologische, denn Wirtschaftstheorie. Ihm fehlt Klarheit der Begriffsbildung ebenso wie eine saubere Trennung zwischen Sein und Seinsollen. Die apodiktische Behauptung, die gesellschaftliche Realität könne nur vom universalistischen Standpunkt aus erkannt werden, bleibt letztlich unbewiesen.

Weiterführende Literatur:

Spann, Othmar, Fundament der Volkswirtschaftslehre, Jena 1918.

—, Die Haupttheorien der Volkswirtschaftslehre auf Dogmengeschichtlicher Grundlage, Leipzig 1911; 24. Aufl., Heidelberg 1949.

Andreae, Wilhelm, Bausteine zu einer universalistischen Steuerlehre, Jena 1927.

—, Staatssozialismus und Ständestaat, Jena 1931.

Guttmann, Viktor, Industriepolitik, Jena 1932.

Heinrich, Walter, Grundlagen einer universalistischen Krisenlehre, Jena 1928.

Ottel, Fritz, Ständische Theorie des Geldes, Jena 1934.

Vogel, Emanuel Hugo, Lehr- und Handbuch der Volkswirtschaftslehre, auf Grundlage einer sozialorganischen Leistungstheorie, I, Stuttgart/Berlin 1944.

Heinrich, Walter (Hrsg.), Die Ganzheit in Philosophie und Wissenschaft. Festschrift für Othmar Spann, Wien 1950.

Zur Kritik:

Conrad, Otto, Der Grundfehler der Lehre Othmar Spanns, in: Jahrb. f. Nat. u. Stat., Bd. 143, 1936.

Bollnow, Otto Friedrich, Zum Begriff der Ganzheit bei Othmar Spann, in: Finanzarchiv, NF, Bd. 6, 1939.

Weinberger, Otto, Betrachtungen über Spanns „Haupttheorie der Volkswirtschaftslehre", in: Zeitschr. f. d. ges. Staatswiss., 107. Bd., Tübingen 1951.

Rieder, Arnulf, Vom Positivismus zum Universalismus. Untersuchungen zur Entwicklung und Kritik des Ganzheitsbegriffes von Othmar Spann, Berlin/München 1971.

IV. DIE WOHLFAHRTSÖKONOMIE

Die Frage nach der Höhe des Wohlstandes und seinen Ursachen beschäftigte die Nationalökonomie schon seit dem Merkantilismus. Sah man hier noch das Ideal in einer hohen Bevölkerungszahl (vgl. die Peuplierungspolitik der Merkantilisten), so tendierte man seit MALTHUS mehr dazu, ein Bevölkerungsoptimum zu erreichen, das von der Boden- und Kapitalausstattung der Volkswirtschaft abhängig ist. Während zur Zeit überwiegender Handarbeit die Bevölkerungszahl als Maßstab des Wohlstandes galt, trat mit dem Maschinenzeitalter die höchstmögliche Produktion und Güterversorgung an ihre Stelle. Auf der Suche nach der Ursache des Wohlstandes findet A. SMITH steigende Produktivität, Arbeitsteilung, Freihandel — je höher die Güterversorgung, je höher die Befriedigung des menschlichen Bedarfs, desto größer der allgemeine Wohlstand.

Je problemloser im Laufe der Zeit die Produktion, die rein physische Güterversorgung wurde, desto mehr zweifelte man daran — insbesondere unter dem Einfluß des Sozialismus —, ob die Verteilung dieser Produktion wirklich zum Nutzen aller erfolgte, ob wirklich der höchstmögliche Wohlstand erreicht werde. Maximierung der Produktion und Maximierung des Nutzens werden mit dem Aufkommen der subjektiven Wertlehre unterschiedlich beurteilt. Werner SOMBART (1863—1941) stellte 1909 fest, daß es keine objektiven Wohlstandskriterien gebe, der Begriff sei daher nur subjektiv zu deuten.[1] Ein wie

[1] Verhandlungen des Vereins für Socialpolitik in Wien, 1909. Schriften des Vereins für Socialpolitik, 132. Band, Verhandlungen der Generalversammlung in Wien, 27., 28. und 29. September 1909. Auf Grund der stenographischen Niederschrift hrsg. vom Ständigen Ausschuß, Leipzig 1910, darin bes. S. 563 ff.

auch immer konstruiertes „Wohlstandsideal" läßt sich nach Auffassung Max WEBERS (1864—1920) objektiv-wissenschaftlich nicht beweisen.[2]

Die 1909 im Verein für Socialpolitik geführte Diskussion löste den sog. 'Werturteilsstreit' aus, bei dem es um die Frage geht, ob eine wissenschaftliche Wirtschafts- und Sozialpolitik auch über anzustrebende Ziele urteilen oder ob sie lediglich über Mittel diskutieren darf, um gegebene Ziele zu erreichen. Die mathematisch-abstrakte Theorie, wie sie die Lausanner Schule ausgebildet hatte, war wertfrei, SOMBART, VON WIESER und vor allem Max WEBER verlangten ebenfalls eine von Werturteilen freie Wirtschaftswissenschaft.[3] Vertreter der Historischen Schule (Gustav VON SCHMOLLER), aber auch Eugen VON PHILIPPOVICH, Othmar SPANN (1878—1950) und Friedrich VON GOTTL-OTTLILIENFELD wollten dagegen der Wirtschaftswissenschaft das Recht zugestehen, auch über die Ziele der Wirtschaftspolitik (insbesondere der Sozialpolitik) ein Werturteil abzugeben. Gerade beim Versuch, einen individuellen oder gesamtwirtschaftlichen Wohlstand zu postulieren, konnten ethische Erwägungen, Gerechtigkeitsvorstellungen u. ä. nicht vollends ausgeschaltet werden. Folgt man dagegen einer wertfreien Nationalökonomie, ergibt sich die Gefahr, daß Theorie und praktische Wirtschaftspolitik mehr und mehr auseinanderklaffen. Dieser Werturteilsstreit flammt auch heute immer noch auf, wenn es um die Einheit von theoretischer und politischer Wissenschaft geht.

Weiterführende Literatur:
Giersch, Herbert, Das Problem des wirtschaftspolitischen Urteils und

[2] Weber, Max, Gesammelte Schriften zur Soziologie und Sozialpolitik, Tübingen 1924, S. 420. — Ders., Die „Objektivität" sozialwissenschaftlich und sozialpolitischer Erkenntnis, Arch. f. Sozialw. u. Sozialpol., N.F., Bd. 1, 1904.

[3] Vgl. dazu Weber, Max, Gesammelte Aufsätze zur Wissenschaftslehre, Tübingen 1922. — Ders., Wirtschaft und Gesellschaft, Tübingen 1921.

der Lösungsversuch der neuen Lehre vom wirtschaftlichen Wohlstand, in: Zeitschr. f. d. ges. Staatsw., Bd. 107, 1951.

Zur Überbrückung der drohenden Kluft wurde zunächst außerhalb des deutschen Sprachbereichs die Wohlstandsökonomie (welfare economics) als eigenständiger Teilbereich der Wirtschaftswissenschaften entwickelt.

Die moderne Wohlfahrtsökonomie gilt heute als jener Zweig der Wirtschaftswissenschaft, der mit den Mitteln der Theorie das Maximum des Volkswohlstandes zu bestimmen sucht. Sie will als politische Ökonomie, ohne angewandte Theorie zu sein — im Gegensatz zur „positiven" Ökonomie, die nur analysiert und beschreibt —, der Wirtschaftspolitik Empfehlungen und Ratschläge geben. Das Erkenntnisgebiet liegt in der Zwischenschicht von abstrakter Wirtschaftstheorie und konkreter Wirtschaftspolitik.[4]

Ansätze der Wohlfahrtsökonomie finden sich bei MARSHALL, der den realisierten Gesamtnutzen (= Sein) dem durch wirtschaftspolitische Maßnahmen zu erreichenden Wohlstand (= Sollsein) gegenüberstellt und den Wohlfahrtsbegriff definiert als die Summe der Nutzen der individuellen Haushalte. Sein Begriff des Volkswohlstandes beinhaltet Maximierung der Produktion und Optimierung der Verteilung, womit das Verteilungsproblem klar erkannt wird.[5] In ähnlicher Weise argumentieren auch Edwin CANNAN (1861—1935) und Henry SIDGWICK (1838 bis 1900), die eigentlichen Begründer der Theorie des Bevölkerungsoptimums.[6] Mit Hilfe seines Konsumentenrentenbegriffs untersucht MARSHALL die sozialen Auswirkungen des Reichtums.

[4] Kruse, a. a. O., S. 330.

[5] Vgl. Marshall, Alfred, Handbuch der Volkswirtschaftslehre, Bd. 1, Stuttgart/Berlin 1905.

[6] Sidgwick, Henry, The Methods of Ethics, London 1874.
Cannan, Edwin, The History of the Theory of Production and Distribution from 1776 to 1848, London 1898. — Ders., Der wirtschaftliche Wohlstand, Bern 1948.
Robbins, Lionel, The Optimum Theory of Population, in: London Essays in Economics, In Honour of Edwin Cannan, London 1927.

Durch die graphische Darstellung und die Addition der individuellen Konsumentenrenten glaubt er einen Maßstab für den Einsatz staatlicher Mittel zur Beeinflussung dieser Konsumentenrenten gefunden zu haben. Da sinkende Preise die Konsumentenrente ansteigen lassen, steigende Preise die Konsumentenrente verringern, sieht er in Staatssubventionen, die die Preise ermäßigen und in Steuern, die die Preise erhöhen, das geeignete Instrument zur Förderung des allgemeinen Wohlstandes. Tatsächlich wird hier die Grundlage eines Umverteilungsprozesses beschrieben, wie er sich heute im Staatshaushalt niederschlägt. Für die Gesamtwirtschaft wird eine Wohlstandssteigerung eintreten, wenn die Steigerung der Konsumentenrente auf einem Markt den Rückgang durch erhöhte Besteuerung auf einem anderen Markt überwiegt. Mit der Kombination von Subvention und Steuern sieht MARSHALL in unterschiedlichen Wirtschaftszweigen die Möglichkeit, derart Einfluß zu nehmen, daß mit dem Steuermehrertrag aus einem Wirtschaftszweig mit steigender Angebotskurve (= Gesetz des abnehmenden Ertrages) ein Wirtschaftszweig mit fallender Angebotskurve (= Gesetz des zunehmenden Ertrags) subventioniert wird, so daß hier die Konsumentenrente stärker ansteigt als sie im ersten Wirtschaftszweig fällt.

Eine umgekehrte Beweisführung gilt für MARSHALLS Produzentenrente. MARSHALLS Thesen sind auf heftige Kritik gestoßen:[7] Einmal geht er von seiner Partialanalyse aus, d. h. er berücksichtigt nicht Rückwirkungen von und auf andere Märkte, zum anderen ist der Grenznutzen des Geldes unterschiedlicher Konsumenten nicht vergleichbar. Dieser letzte Einwand wurde von MARSHALL bereits selbst gesehen, sein Versuch, den Wohlstand zu messen, war damit nicht frei von schweren Bedenken.

MARSHALLS Gedanken wurden von seinem Schüler Arthur Cecil PIGOU (1877—1959) weitergeführt. Als Ziel der Nationalökonomie wird der soziale Fortschritt, die Wohlfahrt aller proklamiert; wirtschaftliche Wohlfahrt ist dabei jener Teil, „der

[7] Kruse, a. a. O., S. 332.

direkt oder indirekt in ein Verhältnis zum Geldmaßstab gebracht werden kann". Da PIGOU an eine Meßbarkeit des Nutzens nicht glaubt, will er ihn über die Geldeinheit quantifizieren. Diese Quantifizierung benötigt er, weil er in Anschluß an MARSHALL den Wohlstand einer Volkswirtschaft als die Summe der individuellen Nutzen ansieht. Mit Hilfe der Geldrechnung entspricht nur der Nutzen der Geldmenge, die ein Wirtschaftssubjekt bereit ist für die Erlangung dieses Nutzens zu zahlen. Damit arbeitet PIGOU zunächst noch mit kardinaler Nutzenmessung, später sollte er — wie PARETO — zur ordinalen Nutzenmessung übergehen.[8]

PIGOU unterstellt, daß die Menschen im allgemeinen gleiche Nutzenvorstellungen hätten und ein Maximum der Güterversorgung erreicht werde, wenn sie ihr Einkommen entsprechend dem Gossenschen Genußausgleichsgesetz zu ihrer Bedürfnisbefriedigung verwenden. Befriedigung (satisfaction) und Entbehrung (dissatisfaction) bestimmen das Maß der individuellen Wohlfahrt. Das Maximum der Befriedigung ist dann gegeben, wenn der Grenznutzen des Realeinkommens für alle Individuen gleich ist.[9]

Das Volkseinkommen, insbesondere aber seine Verteilung, bestimmt die Volkswohlfahrt. Um den Grenznutzen über die Verteilung des Volkseinkommens zu erhöhen, seien staatliche Interventionen sinnvoll, die Geldeinkommen von wohlhabenden auf ärmere Schichten übertragen. Letztlich würde erst eine Einkommensegalisierung zum maximalen gesellschaftlichen Nutzen führen. Insbesondere die Abweichungen zwischen gesamtwirtschaftlichem und individuellem Grenznutzen können zu Staatseingriffen führen, um die Wohlstandsmaximierung durch Ausgleich der gesamtwirtschaftlichen Grenznutzen zu erreichen.[10] Aufgrund seiner theoretischen Überlegungen kommt PIGOU zur

[8] Pigou, Arthur Cecil, Some Aspects of Welfare Economics, in: American Economic Review, Bd. 41, 1951.

[9] Vgl. Stavenhagen, a. a. O., S. 389.

[10] Vgl. hierzu die Darstellung bei Kruse, a. a. O., S. 334.

Forderung nach Ausdehnung des Gemeinbesitzes und gemeinwirtschaftlicher Wirtschaftsführung und befaßt sich ausführlich mit der Staatstätigkeit im Wirtschaftsleben. Steigerung der Volkseinkommen, Einkommensverteilung, aber auch größere Rationalität bei der individuellen Einkommensverwendung sind die Mittel, die mit Hilfe staatlicher Aktivität und entsprechender Wirtschaftsführung geeignet sind, die wirtschaftliche Wohlfahrt zu vergrößern.

PIGOU wurde einmal durch die Kritik jener getroffen, die Staatsinterventionismus oder Gemeinwirtschaft ablehnten — er selbst hat in seinen späteren Veröffentlichungen auch auf mögliche Nachteile hingewiesen —, zum anderen wandte sich Lionel C. ROBBINS (geb. 1898) gegen ihn und jede Wohlfahrtsökonomie überhaupt.[11] Er hält es für unmöglich, Vergleiche über Nutzenschätzungen durchzuführen, ohne dabei nicht Werturteile zu fällen. Eine werturteilsfreie Wissenschaft aber sei unumgänglich.

Trotz der im Prinzip bis heute unwiderlegbaren Einwände ROBBINS' hat gerade seine Kritik, aber auch die wirtschaftliche Entwicklung (Weltwirtschaftskrise und nachfolgender Staatsinterventionismus) dazu beigetragen, daß wohlfahrtstheoretische Ansätze weiter ausgebaut wurden. Diese sogenannte 'Neue Wohlfahrtsökonomie' beginnt mit den Arbeiten PARETOS und der Lausanner Schule. PARETO beschreibt ein „wirtschaftliches Optimum" (maximum d'ophélimité), das erreicht wird, wenn kein Haushalt mehr auf ein höheres Versorgungsniveau gelangen kann, ohne daß nicht ein anderer auf ein niedrigeres absinken muß.[12]

[11] Robbins, Lionel C., An Essay on the Nature and Significance of Economic Sciences, London 1932.

[12] Außer den oben genannten Werken Paretos vgl. besonders die zweite französische, nach Paretos Tod erschienene Ausgabe seines *Manuale di economia politica*: Manuel d'économie politique, Paris 1927.

Dieses 'Pareto-Kriterium' schildert einen Zustand, in dem weder durch Verschiebungen im Faktoreinsatz noch durch Tausch eine Wohlstandsverbesserung möglich ist. Es verzichtet auch auf interpersonale Vergleiche und Wohlstandsaddition; Werturteile glaubt PARETO damit ausgeschaltet zu haben. An die Stelle einer kardinalen setzt PARETO die ordinale Nutzenmessung. Zur Definition des wirtschaftlichen Optimums sind bestimmte Total- und Marginalbedingungen zu beachten. Erstere umfassen einen gegebenen Faktorbestand, gegebene Produktionstechnik, Verteilung und konstante Präferenzen der einzelnen Wirtschaftssubjekte, ihre Veränderung entspricht der realen Wirtschaftsentwicklung. Für den Punkt des Optimums sind Änderungen dieser Bedingungen ausgeschlossen: alle Produktionsfaktoren werden hier mit höchster Effizienz eingesetzt. Die Marginalbedingungen werden von PARETO in einem bereits von JEVONS und EDGEWORTH entwickelten sog. 'Boxdiagramm' geometrisch dargestellt und umfassen bestimmte Anforderungen, wie die Faktoren eingesetzt (Produktionsbedingungen) und Güter getauscht (Tauschbedingungen) werden müssen, damit das Pareto-Optimum erreicht wird. Aus der Darstellung gewinnt PARETO gleichzeitig die Erkenntnis, daß weitere kombinierte Optima möglich sind und daher kein absolutes Optimum festzulegen ist. Für den Fall einer nur teilweisen Erfüllung der Paretianischen Marginalbedingungen hat man nach Wegen gesucht, Sub-Optima zu verwirklichen. Die von Herbert GIERSCH (geb. 1921) aufgestellte „Theorie des Bestmöglichen“ [13] und James Eduard MEADES „Theory of the Second Best“ [14] weisen in diese Richtung.

Da PARETO wirtschaftliche Datenänderungen (Änderungen der Totalbedingungen) nicht zuläßt, schließlich auch bei Einkommensänderungen neue Optima entstehen können, die wiederum nur relativ sind, setzt an diesen Punkten die Kritik ein. PARETO

[13] Giersch, Herbert, Allgemeine Wirtschaftspolitik, Wiesbaden 1960.

[14] Meade, James Edward, Trade and Welfare. The Theory of International Economic Policy, Bd. 2, London 1955.

liefert kein Kriterium dafür, welches von verschiedenen möglichen Optima das beste ist, interpersonelle Nutzenvergleiche können nicht ganz ausgeschaltet werden, und schließlich wird die Werturteilsproblematik nur verdeckt, wenn von gegebenen Verhaltensweisen und bestehender Verteilung ausgegangen wird, ohne deren Zustandekommen unter dem Wohlstandsaspekt zu analysieren.[15] KRUSE stellt fest, PARETOS Ergebnisse seien „abstrakt und unrealistisch und daher für die Wirtschaftspolitik nicht brauchbar".[16] Andererseits hat PARETOS Nachweis, daß bestimmte Bedingungen eingehalten werden müssen, um eine wohlstandsoptimale Faktorallokation zu erreichen, die Suche nach den Maxima ökonomischer Wohlfahrt neu belebt, so daß seit Ende der 1930er Jahre eine eigene Richtung der 'New Welfare Economics' (Neue Wohlfahrtsökonomie) entstanden ist.

Weiterführende Literatur:

Little, Ian Malcolm David, A Critic of Welfare Economics, Oxford 1950, S. 86.

Boulding, Kenneth E., Welfare Economics, in: A Survey of contemporary Economics, Bd. 2, Homewood (III) 1952, S. 14 ff.

Giersch, Herbert, Allgemeine Wirtschaftspolitik, Wiesbaden 1960, S. 97 ff.

Jochimsen, Reimut, Ansatzpunkte der Wohlstandsökonomik, Basel/Tübingen 1961, S. 48 ff.

Zinn, Karl-Georg, Allgemeine Wirtschaftspolitik, Berlin/Köln/Mainz 1970, S. 117 ff.

Die neuere Wohlstandsökonomik knüpft trotz aller Kritik an das 'Pareto-Optimum' an, nicht zuletzt, weil hier mit der ordinalen Methode gearbeitet werden kann, wie dies vor allem von den Begründern des sog. Konkurrenzsozialismus getan wird (s. dort). Nach Harold HOTELLING tritt eine Wohlstandserhöhung dann ein, wenn durch eine wirtschaftspolitische Maßnahme

[15] Vgl. Zinn, Karl-Georg, Allgemeine Wirtschaftspolitik, Berlin/Köln/Mainz 1970, S. 107.

[16] Kruse, a. a. O., S. 336.

ein Wirtschaftssubjekt einen Vorteil erfährt, ohne daß ein anderes einen Nachteil in Kauf nehmen muß.[17] Nach den von Nicholas KALDOR und John R. HICKS entwickelten Kriterien tritt eine Wohlstandsbewegung ein, wenn durch eine wirtschaftspolitische Maßnahme ein Wirtschaftssubjekt soviel gewinnt, daß es andere, die dadurch Verluste erleiden, voll kompensieren kann und selbst noch eine Verbesserung erfährt.[18] Ob allerdings eine solche Kompensation tatsächlich vorgenommen wird, bleibt offen. Schließlich hat SCITOVSKY ein weiteres Kriterium entwickelt, wonach dem Gegner einer wirtschaftspolitischen Maßnahme die Möglichkeit der Bestechung der Befürworter und damit die eventuelle Nichtdurchführung genommen werden müsse.[19]

Die unter Beteiligung zahlreicher Wissenschaftler weitergeführte Auseinandersetzung um Wohlfahrtskriterien hat zu einer wachsenden Formalisierung des analytischen Apparates geführt, dessen Eleganz mehr und mehr zum Selbstzweck zu werden droht, so daß die gesellschaftlichen Komponenten des Wohlstandes zunehmend in den Hintergrund treten. Neben den Versuchen der sog. 'Neo-Kardinalisten', die aus individuellen Präferenzordnungen auf gesellschaftliche Präferenzordnungen schließen wollten, um so die Verteilungsfrage zu lösen, sei hier noch die bereits 1938 entwickelte, tautologische Wohlstandsformel von Abram BERGSON hervorgehoben, die von Paul A. SAMUELSON detailliert wurde.[20] Mit einer solchen „Wohlstands-

[17] Hotelling, Harold, The General Welfare in Relation, in: The Problem of Taxation and of Railway and Utility Rates, Econometrica, Bd. 6, 1938.

[18] Kaldor, Nicholas, Welfare Propositions of Economics and Interpersonal Comparisons of Utility, in: Economic Journal, Bd. 49, 1939.
Hicks, John R., The Foundation of Welfare Economics, in: Economic Journal, Bd. 49, 1939.

[19] de Scitovsky, Tibor, The State of Welfare Economics, in: The American Economic Review, Bd. 41, 1951.

[20] Bergson, Abram, A Reformulation of Certain Aspects of Welfare Economics, in: Quarterly Journal of Economics, 1938. — Ders.,

funktion der Gesellschaft" (R. Jochimsen) soll in ordinaler Weise durch Höher- und Tieferwertigkeit von Nutzenvorstellungen eine optimale Zielkoordination erreicht werden. Kenneth I. ARROW setzt sich mit dem hier gemachten Ansatz wiederum kritisch auseinander, da er bestreitet, daß eine logisch einwandfreie Zusammenfassung individueller Wohlstandsvorstellungen — völlig abgesehen von dem praktischen Verfahren — zu einer gesamtgesellschaftlichen Wohlstandskonzeption nicht in Widerspruch geraten könne.[21]

Die Diskussion der jüngeren Wohlstandstheorie hat deutlich werden lassen, daß man ohne Rückgriff auf ethische Normen (z. B. das Gleichheitsprinzip) oft bei Leerformeln stehenbleibt. LITTLE hält in seiner Kritik denn auch eine wertneutrale Wohlfahrtsökonomie für undenkbar. Mit der Einbeziehung gesellschaftsphilosophischer Postulate mündet die Wohlstandstheorie jedoch erneut in der politisch-ökonomischen Analyse, bei der sie ihren klassischen Ausgangspunkt hatte.

Sicher ist, daß die Wohlfahrtsökonomie heute Auswirkungen im Bereich der Wirtschaftspolitik hat, wenn es darum geht, dort die Ziele wirtschaftspolitischen Handelns festzulegen, Zielkonflikte zu lösen und optimale Mittel zur Zielverwirklichung aufzufinden. Ferner hat die Wohlfahrtsökonomie Einfluß auf die zumindest formale Lösung des Problems der Wirtschaftsrechnung im Sozialismus gehabt. Über PARETO, BARONE führt der Weg zu Abba P. LERNER und Oscar LANGE, dessen System eines Konkurrenzsozialismus Anliegen der Wohlfahrtsökonomie zu verwirklichen sucht, wenn es PIGOUS Aspekt der gleichen Genußfähigkeit aller Menschen einbezieht und zu einer Lösung der

The Social Welfare Function, in: Readings in Economic Analysis, Cambridge (Mass.) 1950.
Samuelson, Paul A., Foundations of Economic Analysis, Cambridge (Mass.) 1938.

[21] Arrow, Kenneth I., Social Choice and Individual Values, New York 1951.

Verteilungsfrage im Sinne stärkerer Nivellierung sowie der Abschaffung von arbeitslosem Einkommen gelangt.[22]

Weiterführende Literatur:

Hicks, John Richard, The Foundations of Welfare Economics, in: Economic Journal, Bd. 49, 1939.

Kaldor, Nicholas, Welfare Propositions of Economics and Interpersonal Comparisons of Utility, in: Economic Journal, Bd. 49, 1939.

Peter, Hans, Welfare Economics — Ethik und doch Wissenschaft, in: Finanzarchiv, N.F., Bd. 12, 1950/51.

Weber, Wilhelm, Über die wirtschaftsbegrifflichen Grundlagen der älteren "Welfare Economics", in: Zeitschr. f. Nat., Bd. 13, 1952.

Baumol, William Jack, Welfare Economics and the Theory of the State, London/New York/Toronto 1952.

Keller, Paul, Dogmengeschichte des wohlstandspolitischen Interventionismus, Winterthur 1955.

Graaff, Johannes de Villiers, Theoretical Welfare Economics, Cambridge 1957.

Lauschmann, Elisabeth, Zum gegenwärtigen Stand und den weiteren Entwicklungsmöglichkeiten der Welfare Economics, in: Jahrb. f. Sozialw., Bd. 13, 1962.

Jochimsen, Reimut, Ansatzpunkte der Wohlstandsökonomik, Basel/Tübingen 1961.

[22] Lange, Oscar; Taylor, Fred, On the Economic Theory of Socialism, Minneapolis 1938.

V. DIE LEHRE VON MARKT UND PREIS

1. Die mathematischen Ansätze in Monopol- und Oligopoltheorien

Sowohl die klassische englische Nationalökonomie wie auch die Grenznutzenschule hatten in der freien Konkurrenzpreisbildung das bestimmende Prinzip des Produktionsgeschehens und des gesamtwirtschaftlichen Gleichgewichts erblickt. Nach dieser Grundregel richteten sich Produktion, Verbrauch und Einkommensverteilung. Der für sämtliche Märkte unterstellte freie Wettbewerb sollte zuverlässig über die zu erzeugenden Warenarten und -mengen, die Verteilung des Sozialprodukts und die ökonomisch sinnvollste Konsumwahl der Verbraucher entscheiden. Erst mit dem Beginn einer großindustriellen Entwicklung ab der Mitte des 19. Jahrhunderts wurde der Glaube an die stete Funktionsfähigkeit der freien Konkurrenz erschüttert. Wachsender Markteinfluß einzelner, ja schließlich Marktbeherrschung, wie sie sich bei den gegen Ende des Jahrhunderts entstehenden Trusts zeigte, lenkten das Augenmerk auf das Phänomen der wirtschaftlichen Macht und Machtverteilung.[1] Das klassische Modell der freien Konkurrenz, auf dem die gesamte Markt- und Preistheorie aufbaute, wurde zunehmend unrealistischer. Man erkannte, daß diese vollständige Konkurrenz offensichtlich nur eine Möglichkeit unter anderen, ein Grenzfall war, dem zumindest das Monopol als entgegengesetzter Grenzfall gegenüberstand. Wicksell, Cassel, Marshall u. a. weisen bereits auf die Unzulänglichkeiten bestehender theoretischer Ansätze hin, Menger stellt eine eigene Theorie des Monopolpreises auf. Un-

[1] Vgl. von Böhm-Bawerk, Eugen, Macht oder ökonomisches Gesetz? a. a. O.

beachtet bleibt dagegen zunächst der eigentliche Begründer der Monopolpreistheorie, Antoine Augustin Cournot (1801—1877).

Cournot hatte 1838 mit dem Ziel, eine theoretische Erklärung der vollständigen Konkurrenz zu finden, zuerst eine Monopoltheorie aufgestellt, da er von einem Anbieter ausging und dessen Verhalten untersuchte, um dann durch Erweiterung der Zahl der Marktteilnehmer zur vollständigen Konkurrenz zu gelangen.[2] Dabei beschreibt Cournot auch das Dyopol und das Oligopol.

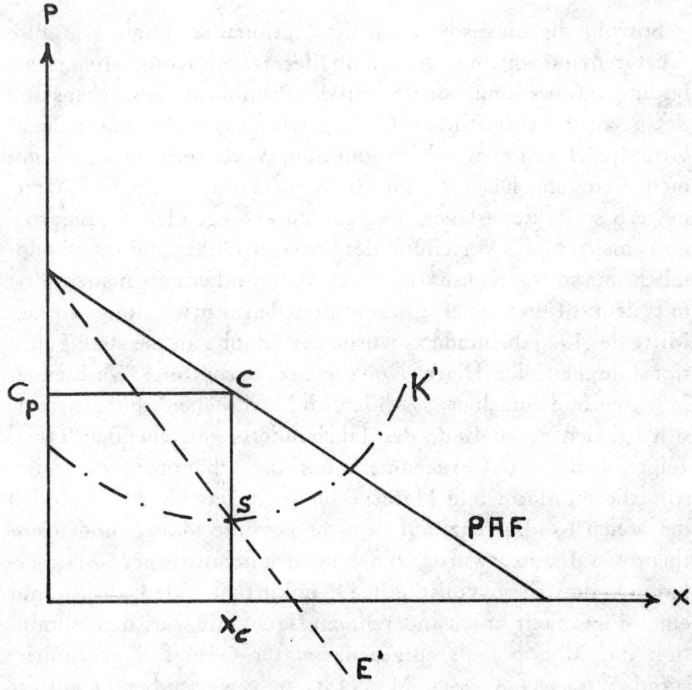

Abb. 1

[2] Cournot, Antoine Augustin, Recherches sur les principes mathématiques de la théorie des richesses, Paris 1838 (dtsch.: Untersuchungen über die mathematischen Grundlagen der Theorie des Reichtums, Jena 1924).

Der Monopolist kann entweder den Preis oder die Absatzmenge selbst bestimmen und insoweit den Markt beeinflussen. Ziel seines Verhaltens wird sein, den höchsten Gesamterlös zu erzielen. Er wird demnach einen Preis wählen, bei dem das Produkt aus Stückpreis und der bei diesem Preis abgesetzten Menge ein Maximum erreicht. Mathematisch weist Cournot nach, daß der Monopolist, wenn er seine Absatzmenge festsetzt, nicht frei ist in der Wahl des Preises und umgekehrt. Damit verfügt der Monopolist über einen sog. 'Aktionsparameter' (von Stackelberg), den er wahlweise einsetzen kann.

Neben dem Fall einer Produktion ohne Kosten schildert Cournot auch die Verhaltensweise des Monopolisten, wenn die Produktion Kosten verursacht. Statt des Gesamterlöses wird jetzt der Gewinn maximiert, die Form der unterstellten Kostenfunktion wird durch das Gesetz des Ertragszuwachses bestimmt. In der graphischen Darstellung wird Cournots Überlegung wie folgt deutlich (s. Abb. 1):
Die optimale Preis-Mengenkombination (P = Preis, x = Menge) eines Monopolisten, der einer Preisabsatzfunktion (PAF) gemäß Abb. 1 gegenübersteht, läßt sich durch den Schnittpunkt (S) der Grenzerlöskurve (E') mit den Grenzkosten (K') ermitteln. Eine Parallele zur Ordinate durch S schneidet die PAF in C, dem sog. Cournotschen Punkt. Cournot hatte damit als erster das Problem der Preis-Mengenfestsetzung gelöst. Somit ist durch diesen Punkt diejenige Preis-Mengenkombination (C_p, X_c) gegeben, bei der der Anbieter sein Gewinnmaximum erreicht.

Hatte Cournot mit der Behauptung, nicht die Konkurrenz, sondern das Monopol stelle den allgemeinen Fall der Preisbildung dar, in seiner Zeit noch keinen Erfolg, so ist heute die Monopoltheorie vielfach ergänzend ausgebaut worden, ohne daß die prinzipiellen Erkenntnisse Cournots ihren Wert verloren hätten. Auch Cournots erster Hinweis auf die Bedeutung der Nachfrage für die Gestaltung des Monopolpreises gewann nach Einführung des Elastizitätsbegriffes durch Marshall wieder an Bedeutung. Er legt dar, daß der Monopolist seinen Preis in der Regel etwas unter dem 'Cournotschen Punkt' ansetzt, um langfristig günstige Chancen zu erreichen (quasi-Monopolpreis).[3] Ebenso hat sich Heinrich von Stackelberg ausführlich mit Cournots Monopoltheorie befaßt, seither ist sie fester Bestandteil preistheoretischer Betrachtungen geworden.

Auch die Oligopoltheorie, dargestellt am Beispiel des Dyopol (= zwei Anbieter), geht auf Cournot zurück. Er analysiert den Fall, daß zwei Anbieter jeweils die Absatzmenge des anderen als Datum ansehen und sich mit ihrer Menge anpassen. Diese Anpassung setzt sich fort, bis ein Punkt erreicht wird, den zu verlassen keiner mehr Veranlassung hat. Ein stabiles Gleichgewicht ist erreicht. Heinrich von Stackelberg hat im Anschluß dann den Fall untersucht, daß sich ein Anbieter analog einem Monopolisten verhält, und der zweite Anbieter eine Abhängigkeitsposition wählt. Bei diesem sog. 'asymmetrischen Dyopol' läßt sich nur ein labiles Gleichgewicht erreichen, da jederzeit zwischen beiden eine neue Kampfsituation (Ausdehnung des ersten Anbieters auf Kosten des zweiten zum echten Monopolisten) eintreten kann.

Arthur L. Bowley hat sich mit einer dritten Möglichkeit befaßt, wonach jeder Anbieter bereits die möglichen Reaktionen seines Wettbewerbers im voraus berücksichtigt (Bowleysches Dyopol). Hier wählt keiner eine Abhängigkeitsposition, so daß es zu einem uneingeschränkten Konkurrenzkampf beider kommen muß. Auch dabei wird kein stabiles Gleichgewicht erreicht. Andererseits ist die Tendenz, in diesem Falle zu einer Absprache zu kommen (Kartellbildung), besonders groß.[4]

Anhand der Abb. 2 lassen sich die drei unterschiedlichen Lösungen des Oligopolproblems darstellen, wobei die Strecke AA' die gemeinsame Gewinnmaximierung der Oligopolisten (D_1, D_2) zeigt; die jeweiligen Mengen der Oligopolisten werden auf den Achsen x_1 und x_2 abgetragen:

[3] Marshall, Alfred, Industry and Trade, London 1919.

[4] Bowley, Arthur, Mathematical Groundwork of Economics, Oxford 1924 (dtsch.: Grundzüge der mathematischen Ökonomik, Leipzig 1934).

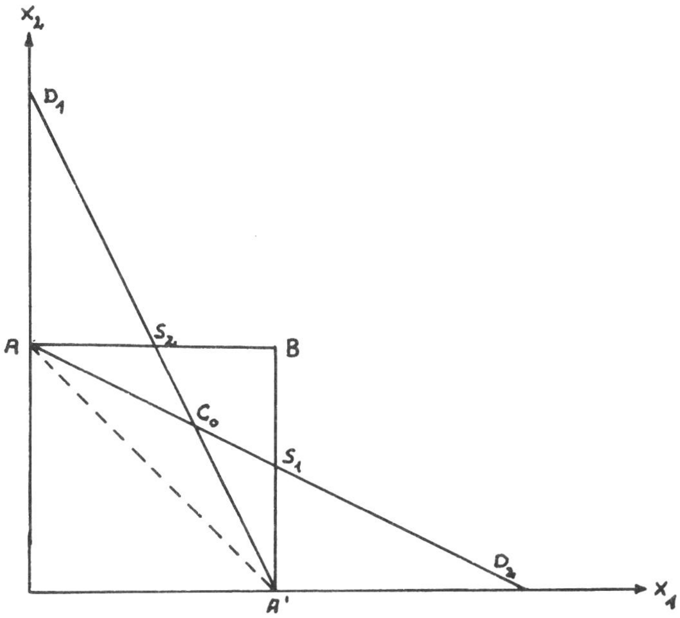

Abb. 2

1. Die Cournotsche Zwei-Drittel-Lösung (Punkt C_0) beinhaltet, daß beide Oligopolisten autonome Strategie betreiben, bzw. die Abhängigkeitsposition beziehen.
2. Die Punkte S_2 (D_2 ist in Unabhängigkeitsposition, er treibt Überlegenheitsstrategie) und S_1 (D_1 ist in der Unabhängigkeitsposition) zeigen die Stackelbergsche Asymmetrielösung.
3. Die Bowleysche Lösung ist durch den Punkt B gekennzeichnet, bei der beide Oligopolisten die Unabhängigkeitsposition beziehen und damit Überlegenheitsstrategie betreiben.

Nach den bereits erwähnten Hinweisen MARSHALLS, daß Konkurrenz und Monopol nur Eckpfeiler einer breiten Skala von Möglichkeiten seien, unter denen sich Marktpartner gegenüberstehen könnten, kommt der entscheidende Durchbruch für die weitere theoretische Betrachtung erst mit Pierro SRAFFA und seinem 1926 erschienenen Aufsatz ›The Laws of Returns under Competitive Conditions‹.[5] In diesem Artikel über die Ertragsgesetze unter Wettbewerbsbedingungen — einer Auseinandersetzung mit MARSHALLS Theorie der „repräsentativen Firma" — legte SRAFFA dar, daß die bis dahin herrschende Interpretation der Preisbildungsvorgänge aufgrund der Hypothese freien Wettbewerbs gerade unter den gegenwärtigen Wirtschaftsverhältnissen der 1920er Jahre wirklichkeitsfremd sei. Die Mehrzahl der Märkte sei in hohem Grade monopoloid, so daß es notwendig sei, den Raum zwischen Monopol und vollständiger Konkurrenz näher zu betrachten und dabei statt von der Wettbewerbs- von der Monopolpreistheorie auszugehen. In einem zunehmend unübersichtlicher werdenden Markt mit zahlreichen Präferenzen verhalten sich nach SRAFFA Anbieter in gewissem Rahmen wie Monopolisten, es liegen Unvollkommenheiten des Marktes vor, die einen Wettbewerb zwar nicht ausschließen, diesen aber doch nicht im Sinne der klassischen Theorie ablaufen lassen.

Unter Rückbesinnung auf COURNOT werden die Gedanken SRAFFAS vielseitig aufgegriffen: Frederic ZEUTHEN, Edward CHAMBERLIN (geb. 1899), Joan ROBINSON (geb. 1903), Robert TRIFFIN bilden die Stationen der neuen Theorie, die zu einer allgemeinen Revision der Preis- und Verteilungslehre führen sollte.

ZEUTHEN bringt 1930 eine Darstellung der Monopolpreistheorie[6], auf deren Grundlage man nun von der Monopolseite her an eine Analyse der Marktbeziehungen herangehen kann.

Joan ROBINSON greift die Gedanken SRAFFAS 1933 auf[7] und schildert einen unvollkommenen Markt mit zahlreichen Markt-

[5] Sraffa, Pierro, The Laws of Returns under Competitive Conditions, in: Economic Journal, Bd. 36, 1926.

[6] Zeuthen, Frederik, Problems of Monopoly and Economic Warfare, London 1930.

[7] Robinson, Joan, The Economics of Imperfect Competition, London 1933.

teilnehmern, wobei jedoch die Nachfrage- oder Absatzkurve nicht mehr elastisch ist. Vielmehr hat jeder Konsument und Produzent durch fehlende Markttransparenz und bestimmte Präferenzen eine sehr individuelle Nachfrage- bzw. Absatzkurve, die innerhalb gewisser Grenzen ein monopolartiges Verhalten zuläßt. Einheitlichkeit des Marktes und Unbeeinflußbarkeit durch Mengen- oder Preisänderungen (Preis als Datum) als Kennzeichen der vollkommenen Konkurrenz sind nach ROBINSON nur sehr selten gegeben, in Wirklichkeit habe man es mit einer „Welt von Monopolen", mit „Marktimperfektionen" zu tun, bei denen die Bedingungen der vollständigen Konkurrenz im bisher üblichen Sinne nicht gegeben seien.

Große Bedeutung erlangte ROBINSONS Darstellung der unvollständigen Konkurrenz und zahlreicher Begriffe wie z. B. 'Grenzkosten', 'Grenzerlös' usw., auf denen heute die Lehre der betrieblichen Preispolitik aufbaut. Ihre Erklärung für nicht voll ausgelastete Kapazitäten bei unvollständiger Konkurrenz (Angebotsbeschränkung zur Monopolgewinnerhöhung) und unvollkommener Märkte führte letztlich zu der Erkenntnis, daß die Entwicklung und Gestaltung der Nachfrage bei unvollständiger Konkurrenz keine unabhängige Variable ist, die der Anbieter als gegeben hinnehmen muß, sondern die er durch Werbung, Kundenbeeinflussung usw. autonom verändern kann. Neben die Preissenkung tritt damit eine breite Skala weiterer Möglichkeiten der Marktbeeinflussung und damit der Umsatzsteigerung.

Ähnlich umfassend setzt sich Edward H. CHAMBERLIN mit SRAFFAS These auseinander.[8] Vom reinen Wettbewerb unterscheidet er den monopolistischen Wettbewerb, bei dem entweder nur eine begrenzte Zahl von Marktteilnehmern auftritt oder durch Präferenzen Produktdifferenzierungen vorkommen, so daß innerhalb eines gewissen Bereiches ein Anbieter sich monopolistisch verhalten kann. Der Markt wird somit in zahlreiche Teilmärkte aufgespalten. Lediglich durch mögliche Substitutions-

[8] Chamberlin, Edward H., The Theory of Monopolistic Competition, Cambridge 1933.

güter unterliegt der Anbieter Konkurrenzbedingungen. Innerhalb seines monopolistischen Bereiches verfügt ein Anbieter mit Preisvariation, Produktdifferenzierung und Schaffung neuer Präferenzen (Werbung) über Aktionsparameter, die es ihm erlauben, eine gewinnmaximale Politik zu betreiben. Aus gleichem Grund sieht CHAMBERLIN auch nur einen begrenzten Zutritt zum Markt als gegeben an, weil bestehende Präferenzen und Monopolstellungen das Auftreten neuer Anbieter erschweren. Weitergehend als ROBINSON schildert er auch die oligopolistische Konkurrenz auf solchen Märkten, die zwar keine Präferenzen oder Produktvariationen aufweisen, dafür aber nur eine kleine Zahl von Anbietern, die darüber hinaus über ihr gegenseitiges Marktverhalten bestimmte Annahmen machen. Immerhin glaubt CHAMBERLIN, daß auch ein solcher Markt eine Gleichgewichtslage erreichen könne.

Sein Verdienst liegt in dem Versuch, die Theorie des Marktes und der Preisbildung den gegebenen realen Verhältnissen anzupassen. Er erkennt, daß die Märkte der Wirklichkeit überwiegend unvollkommene Märkte sind, für die die klassische Theorie der Wettbewerbspreisbildung nicht mehr zutrifft. Wenn auch bereits WICKSELL auf die Preisbildungsprobleme bei eingeschränkter Konkurrenz hingewiesen hatte[9], wird doch erst nach CHAMBERLIN und ROBINSON eine Lehre vom unvollkommenen Markt ausgebaut. Führend wird hier der deutsche Nationalökonom Heinrich VON STACKELBERG, mit dem zwei wichtige Entwicklungslinien der jüngeren Dogmengeschichte verbunden sind: einmal nimmt er die mathematischen Forschungsmethoden von WALRAS und PARETO in die moderne Theorie auf, zum anderen knüpft er an die Untersuchungen von ROBINSON und CHAMBERLIN an, die er zu einer Preis- und Marktformentheorie erweitert. So wird durch ihn im deutschen Sprachraum in den 1930er Jahren der Grundstein moderner theoretischer Forschung gelegt, wenn auch aufgrund der Zeitverhältnisse die Kontakte zum

[9] Wicksell, Knut, Vorlesungen über Nationalökonomie auf Grundlage des Marginalprinzips, Jena 1913.

angelsächsischen Raum bald verlorengehen und die Entwicklung dort die deutsche in der Zukunft wiederum überrunden sollte.

Ansatzpunkt der von VON STACKELBERG mit Hilfe der Marktform systematisierten Lehre vom unvollkommenen Markt finden sich bereits in einem noch vor den Schriften von ROBINSON und CHAMBERLIN erschienenen Werk.[10] Eine Darstellung der verbundenen Produktion (Kuppelproduktion) und des Systems innerbetrieblicher Verrechnungspreise haben gerade hier wie auch innerhalb der Preistheorie die Beschäftigung mit der Absatzpolitik und der Produkt- und Qualitätsvariation als eigenständigem Aktionsparameter des Unternehmens zu einer wünschenswerten Querverbindung zwischen Mikro- und Makroökonomie geführt, die später unter Erich SCHNEIDER und Hans MÖLLER weiter ausgebaut wurde.[11]

Die Preis- und Absatzpolitik in den Lehrbüchern der modernen Betriebswirtschaftslehre zeigt, wie groß der Einfluß VON STACKELBERGS hier gewesen ist.[12]

STACKELBERG geht von der vollständigen Konkurrenz aus, die an drei konstitutive Voraussetzungen gebunden ist:

1. Preisunabhängigkeit, d. h. der Preis ist für alle Marktpartner eine unbeeinflußbare Größe, ein Datum.
2. Unterschiedslosigkeit der Preise, d. h. nach diesem von JEVONS bereits herausgestellten Prinzip hat zu einem Zeitpunkt für eine bestimmte Produktart nur ein Preis Gültigkeit, es gibt keine Präferenzen.
3. Tauschfreiheit, d. h. kein Marktteilnehmer unterliegt bei Ein- oder Verkauf eines Gutes irgendwelchen Beschränkungen.

[10] v. Stackelberg, Heinrich, Grundlagen einer reinen Kostentheorie, Wien 1932.

[11] Schneider, Erich, Reine Theorie der monopolistischen Wirtschaftsformen, Tübingen 1932. — Ders., Theorie der Produktion, Wien 1934.
Möller, Hans, Kalkulation, Absatzpolitik und Preisbildung, Wien 1941.

[12] Vgl. z. B. Gutenberg, Erich, Grundlagen der Betriebswirtschaftslehre, Berlin/Göttingen/Heidelberg 1950 und weitere Auflagen.

Beim Monopol fehlt die Prämisse der Preisunabhängigkeit, der unvollkommene Markt verlangt dagegen generell nur eine Prämisse, die Tauschfreiheit (z. B. freie Konsumwahl). Unvollkommen ist der Markt dann, wenn das Prinzip der Unterschiedslosigkeit durchbrochen ist, d. h. wenn Präferenzen bestehen, so daß dieser Markt in entsprechend viele Teil- oder Elementarmärkte zerfällt. VON STACKELBERG unterscheidet vier Arten von Präferenzen: sachliche, persönliche, räumliche und zeitliche. Die einzelnen Elementarmärkte können ihrerseits unterschiedliche Form annehmen: es kann zwischen ihnen eine Art Substitutionskonkurrenz bestehen, aber auch zur Ausbildung von Monopolen, Dyopolen und Oligopolen kommen. VON STACKELBERG spricht hier von unvollkommener Konkurrenz. Konkurrieren dagegen viele Anbieter auf einem Elementarmarkt um Absatzmöglichkeiten, liegt in seiner Terminologie eine 'polypolistische' Konkurrenz vor.

Ausgehend von den zwischen Konkurrenz und Monopol sich bildenden realen Marktformen mit unterschiedlichen Zahlen der beteiligten Marktpartner (viele, wenige, einer) gelangt VON STACKELBERG zu seinem Marktformenschema, das aus der Kombination von Konkurrenz, Oligopol und Monopol auf Angebots- und Nachfrageseite neun Marktformen ausweist:

Form der Angebotsseite / Form der Nachfrageseite	Freie Konkurrenz	Oligopol	Monopol
Freie Konkurrenz	Freie Konkurrenz	Angebots-Oligopol	Angebots-Monopol
Oligopol	Nachfrage-Oligopol	Bilaterales Oligopol	Beschränktes Angebots-Monopol
Monopol	Nachfrage-Monopol	Beschränktes Nachfrage-Monopol	Bilaterales Monopol

Abb. 3

VON STACKELBERG untersucht diese Marktformen in ihrem Verhalten zur Konkurrenzwirtschaft und prüft, wann und unter welchen Umständen zumindest theoretisch für die einzelnen Marktformen sich ein stabiles Gleichgewicht nachweisen läßt. Ausgehend von der Unabhängigkeit des Preises von den Wettbewerbern findet er für die vollständige Konkurrenz, das Nachfrage- und das Angebotsmonopol einen erreichbaren Gleichgewichtszustand, bereits aber beim bilateralen Monopol wird es diesen nicht geben, da keine Partei den Preis als unabhängige Größe akzeptiert. In gleicher Weise wird es auf oligopolistischen Märkten mit Ausnahme des von VON STACKELBERG besonders beschriebenen asymmetrischen Dyopols keine Gleichgewichtslage geben. Lediglich beim Zusammentreffen eines Oligopols mit einem Monopol ist ein labiles (uneigentliches) Gleichgewicht denkbar, solange nicht einzelne Oligopolisten sich gegen die Marktherrschaft des Monopolisten auflehnen. Aufgrund solcher gleichgewichtsloser Lagen ist auch die Forderung nach wirtschaftspolitischen, gestaltenden Markteingriffen berechtigt.

Schließlich hat sich VON STACKELBERG mit den Beziehungen befaßt, die entstehen, wenn Wirtschaftssubjekte auf mehreren unterschiedlichen Märkten auftreten (z. B. Inlandsmarkt, Exportmarkt u. ä.), die unterschiedlichen Marktformen unterliegen, und eröffnet damit die Möglichkeit einer Modifizierung und Differenzierung seines Marktformenschemas.

Immer wieder stellt VON STACKELBERG Vergleiche mit den Forschungsergebnissen ROBINSONS und CHAMBERLINS an, vor allem bemüht er sich über die Partialanalyse einzelner Märkte hinaus seine Untersuchungen in den gesamtwirtschaftlichen Zusammenhang einzubetten. MARSHALLS Partialbetrachtung als Ansatzpunkt der angelsächsischen Forscher ROBINSON und CHAMBERLIN läßt sich dort ebensowenig verkennen wie PARETOS und WALRAS' Streben nach einem Gleichgewicht, nach einer Totalanalyse, in den Arbeiten VON STACKELBERGS.

Weiterführende Literatur:

v. Stackelberg, Heinrich, Marktform u. Gleichgewicht, Wien/Berlin 1934.

—, Neues Schrifttum über den unvollständigen Wettbewerb, in: Schmollers Jahrbuch, Bd. 59, 1935.

v. Stackelberg, Heinrich, Probleme der unvollkommenen Konkurrenz, in: Weltw. Arch., Bd. 48, 1938.
—, Grundlagen der theoretischen Volkswirtschaftslehre, Bern 1948.
Möller, Hans, Heinrich Freiherr von Stackelberg und sein Beitrag für die Wirtschaftswissenschaft, in: Zeitschr. f. d. ges. Staatsw., Bd. 105, 1949.
Steinbrück, Klaus, Vom unvollkommenen Markt zur heterogenen Konkurrenz. Eine Dogmengeschichte der preistheoretischen Umwälzungen der Gegenwart, Frankfurt 1951.

Der Gegensatz Partial- — Totalanalyse innerhalb der Preistheorie war Anlaß für Robert TRIFFIN, die Lehre vom monopolistischen und unvollkommenen Wettbewerb auch im angelsächsischen Bereich in die Totalgleichgewichtsbetrachtung zu überführen.[13] TRIFFIN möchte die Einteilung in Marktformen aufgeben, es komme nicht auf die Zahl der Marktteilnehmer, sondern vielmehr auf ihr Verhalten an. Er spricht vom Markt nur noch in der Bedeutung eines Betätigungsfeldes für einzelne Firmen. Entscheidendes Kriterium für die einzelne Untersuchung ist, ob ein Unternehmen in Beziehung zu anderen Unternehmungen steht ('interrelationship') und welcher Art und Stärke der Einfluß dieser anderen Unternehmen auf die zu untersuchende Unternehmung innerhalb des Marktgeschehens ist. Ist ein Unternehmen völlig unabhängig, kann es Preissteigerungen autonom durchsetzen, ohne daß andere Unternehmen Absatzeinbußen erleiden, liegt nach TRIFFIN ein reines Monopol vor. Fällt dagegen bei einer Preissteigerung der Absatz völlig weg, zeigt sich die völlige Abhängigkeit der Unternehmungen untereinander, so ist der entgegengesetzte Extremfall des homogenen Wettbewerbs gegeben. In der Realität werden die meisten Unternehmungen mehr oder minder voneinander abhängig sein, werden Präferenzen unterliegen, d. h. nach TRIFFIN in heterogenem Wettbewerb stehen. Seine Einteilung wird deshalb bedeutungsvoll, weil sie die Begriffe des unvollkommenen Marktes und der

[13] Triffin, Robert, Monopolistic Competition and General Equilibrium Theory, Cambridge 1941.

unvollständigen Konkurrenz völlig in dem der 'heterogenen Konkurrenz' aufgehen läßt. Dadurch steht diese einfache Rahmentheorie in Gegensatz zur komplizierten Theorie von Stackelbergs mit ihrer Vielzahl an Marktformen und Beziehungen. Andererseits verdrängt Triffin die Preistheorie aus der Volkswirtschaftslehre, wenn er nicht mehr den Markt als Ganzes betrachtet, sondern nur die mikroökonomischen Reaktionen einzelner Unternehmungen in bestimmten Situationen analysiert.

Wenn schon heterogene Konkurrenz und durch Präferenzen geschaffene monopoloide Stellungen der einzelnen Unternehmungen angenommen werden können, dann liegt es nahe, auch die seit jeher unterstellte Produkthomogenität aufzugeben, da offensichtlich unterschiedliche Güter angeboten werden oder zumindest am Markt dieser Eindruck erweckt wird. Im Anschluß an Triffin haben daher Hans Brems und vor allem Lawrence Abott die Preistheorie als Wettbewerbstheorie um eine Qualitätstheorie erweitert, wonach fehlender Preiswettbewerb durch Qualitätswettbewerb mehr als ersetzt werden kann. Sicher ist, daß durch die Einbeziehung der praktisch geübten unterschiedlichen Produkt- und Qualitätsgestaltung in die theoretische Betrachtung diese eine weitere Annäherung an die Wirklichkeit erfahren hat.[14]

2. Marktform und Wirtschaftssystem — die Lehre Walter Euckens

Im Gegensatz zu Triffin hat sich Walter Eucken (1891 bis 1950) um einen weiteren Ausbau der Marktformenlehre bemüht, die er allerdings nicht im Zusammenhang mit Fragen mikroökonomischer Preisbildungsprozesse sieht, sondern die Bestandteil seiner Morphologie der Wirtschaftssysteme wird. Euckens

[14] Brems, Hans, Product Equilibrium under Monopolistic Competition, Cambridge 1951.
Abott, Lawrence, Quality and Competition, New York 1955.

Bedeutung als einer der prominentesten Vertreter der jüngeren deutschen Wirtschaftswissenschaft wird in drei Bereichen deutlich:

1. Erklärtes Ziel EUCKENS war es, den Historismus in der deutschen Nationalökonomie endgültig zu überwinden. Aus diesem Bemühen entstanden eine Reihe heftiger Kontroversen, die sich an Berechtigung und/oder Notwendigkeit von abstrakttheoretischer ('reiner') und historisch-soziologischer Betrachtungsweise entzündeten und nach Wegen zu der von allen Beteiligten gewünschten Gesamtschau suchten. Nach EUCKEN kann der Historismus nur Einzeltatsachen feststellen, das wirtschaftliche Geschehen nur aus der jeweiligen Zeitsituation heraus erfassen, aber nicht die Gesamtzusammenhänge der Wirtschaft erkennen. Umgekehrt behauptet die reine Theorie, daß ihre Erkenntnisse losgelöst von der jeweiligen historischen Situation und ins Allgemeine erhoben eine apodiktische, zeitlich unabhängige Gültigkeit besäßen. Hiergegen wendet EUCKEN ein, daß diese Erkenntnisse nur hypothetische Urteile seien, die zwar „richtig" im Sinne einer Denknotwendigkeit sind, aber nur dann auch „aktuell", d. h. einen Erkenntniswert besitzen, wenn die gesetzten Bedingungen auch die historische Wirklichkeit wiedergeben. Logische und erkenntniskritische Einsichten brauchen nicht aktuell zu sein, sie sind es sicherlich nicht, wenn sie unter Prämissen entwickelt wurden, die mit den gegebenen Voraussetzungen der Zeit nicht übereinstimmen. Historische Mannigfaltigkeit einerseits und theoretisch geschlossenes System andererseits sind die beiden Pole, die in der nationalökonomischen Forschung die „große Antinomie" sichtbar werden lassen. Erst die Überwindung dieses Spannungsverhältnisses zwischen historischer und theoretischer Betrachtungsweise kann zu fruchtbarer Forschung führen.

In der Erkenntnis und mit seinem Versuch der Überwindung der „großen Antinomie" steht EUCKEN in seiner Zeit nicht allein. SOMBART versucht ebenfalls eine Synthese zwischen theoretischen und historischen Verfahren in seinem Werk ›Die drei Nationalökonomien‹ (München 1930), Arthur SPIETHOFF (1873—1957) bemüht sich, die historische oder anschauliche Betrachtungsweise so weiter auszugestalten, daß auch der Theorie Rechnung getragen wird. Er entwickelt dazu die Lehre vom Wirtschaftsstil.[15] Ähnlich wie SOMBART entwirft GOTTL-OTTLILIENFELD mit seiner Allwirtschaftslehre eine allgemeingültige, zeitlose Theorie. Auch Georg WEIPPERT (1899—1965) bemüht sich um eine Lösung der Antinomie, wenngleich er gegen EUCKENS Weg, der ihm zu „geschichtsentleert" ist, erhebliche Bedenken vorbringt. Letztlich erhebt Carl BRINKMANN (1885—1954) den Anspruch, eine geglückte Lösung der großen Antinomie vorgelegt zu haben.

Weiterführende Literatur:

Weippert, Georg, Walter Euckens „Grundlagen der Nationalökonomie", in: Zeitschr. f. d. ges. Staatsw., Bd. 102, 1942.

Hütten, Karl-Wilhelm, Die „große Antinomie der Nationalökonomie" und der „positive Vorschlag", Walter Euckens zu ihrer Überwindung, Heidelberg 1949.

Fischer, Erich, Wirtschaftsordnung — Wirtschaftsstil. Eine Untersuchung des Euckenschen und Spiethoffschen Versuches zur Lösung des Theorie-Geschichte-Problems in der Nationalökonomie, Frankfurt 1952.

Winkel, Harald, Das Verhältnis von Theorie und Geschichte bei Carl Brinkmann, Mainz 1960.

Weippert, Georg, Zur Theorie der zeitlosen Wirtschaft, in: Jahrb. f. Sozialw., Bd. 12, 1961.

Zur Lösung der Antinomie muß nach EUCKEN die Nationalökonomie vom wirtschaftlichen Alltagsgeschehen ausgehen. Es gilt zunächst die wirtschaftliche Realität zu erfassen. Insbesondere ist dabei die Erkenntnis der Wirtschaftsordnung notwendig, da der wirtschaftliche Alltag sich stets im Rahmen einer solchen Wirtschaftsordnung abspielt. An diese Beobachtung schließt sich die theoretische Analyse in Form einer pointierend hervorhebenden oder isolierenden Abstraktion an. Auf die entscheidenden augenfälligen Wesensmerkmale abstellend, wird ein „Ideal-

[15] Spiethoff, Arthur, Die allgemeine Volkswirtschaftslehre als geschichtliche Theorie. Die Wirtschaftsstile, in: Festgabe für Werner Sombart zur 70. Wiederkehr seines Geburtstages, Schmollers Jahrbuch, Bd. 56, 1932.

typus" gewonnen. Dieser frei von ethischen oder wertenden Motiven gefundene Idealtyp ist ein gedankliches, aus der Wirklichkeit abgeleitetes Modell, das nun wiederum für die Analyse der Wirklichkeit eingesetzt werden kann. So wird dem Idealtypus ein „Realtypus" gegenübergestellt, der nun die wirtschaftliche Wirklichkeit einer genau bestimmten Epoche beschreibt. Die zeitlos gültigen Idealtypen werden dann aktuell, wenn sie in der konkreten Wirklichkeit wiedergefunden werden, nur dann können Real- und Idealtypen zusammenfallen. Die gefundenen Idealtypen verhelfen nun EUCKEN zur Einsicht in die Struktur einer konkreten Wirtschaftsordnung wie auch in die Funktionsweise und den Ablauf des Wirtschaftsprozesses. Als Basis geht EUCKEN von den beiden idealtypischen Systemen „zentralgeleitete Wirtschaft" (= Wirtschaft, die nach einem einheitlichen Plan gelenkt wird) und „Verkehrswirtschaft" (= Wirtschaft, in der jedes Wirtschaftssubjekt nach eigenem Plan wirtschaftet) aus. Aus der Analyse der gefundenen Wirtschaftssysteme mit mehr oder minder ausgeprägtem Freiheitsgrad der Wirtschaftssubjekte stößt EUCKEN zur Wirtschaftsordnung der freiheitlichen Verkehrs- oder Marktwirtschaft vor, bei deren Betrachtung eben gerade auch die Struktur der Märkte eine entscheidende Rolle spielt. Der Markt steht im Mittelpunkt dieser Verkehrswirtschaft, auf ihm vollzieht sich die Koordination aller Einzelpläne, seine Funktionsfähigkeit ist bestimmend für die Existenz dieser Wirtschaftsordnung des Wettbewerbs.

2. EUCKEN kommt damit zum zweiten Bereich seines Wirkens: der Ausbildung einer geschlossenen Marktformenlehre. Dabei geht er von zwei Arten des Angebots und der Nachfrage aus: Nachfrage und Angebot sind „offen", wenn jedermann am Markt Zutritt hat und beliebige Mengen anbieten bzw. nachfragen kann. Nachfrage und Angebot sind dagegen „geschlossen", wenn nicht jedermann, sondern nur ein bestimmter Personenkreis zugelassen ist oder sonstige Beschränkungen der Aktivität am Markt bestehen. EUCKEN prüft dann weiter, ob der Preis als vorgegebene Größe (Plandatum) von den Marktteilnehmern in ihre Wirtschaftspläne eingesetzt wird und ob sie mit Reaktionen

Form des Angebots / *Form der Nachfrage*	Konkurrenz	Teiloligopol	Oligopol	Teilmonopol	Monopol (Einzel- oder Kollektiv-monopol)
			Marktform		
Konkurrenz	Vollständige Konkurrenz	Angebots-Teiloligopol	Angebots-oligopol	Angebots-Teilmonopol	Angebots-monopol
Teiloligopol	Nachfrage-Teiloligopol	Beiderseitiges Teiloligopol	Teiloligopolistisch beschränktes Angebots-oligopol	Teiloligopolistisch beschränktes Angebotsteil-monopol	Teiloligopolistisch beschränktes Angebotsmonopol
Oligopol	Nachfrage-oligopol	Teiloligopolistisch beschränktes Nachfrage-oligopol	Beiderseitiges Oligopol	Oligopolistisch beschränktes Angebotsteil-monopol	Oligopolistisch beschränktes Angebots-monopol
Teilmonopol	Nachfrage-Teilmonopol	Teiloligopolistisch beschränktes Nachfrage-teilmonopol	Oligopolistisch beschränktes Nachfrage-teilmonopol	Beiderseitiges Teilmonopol	Teilmonopolistisch beschränktes Angebots-monopol
Monopol (Einzel- oder Kollektiv-monopol)	Nachfrage-Monopol	Teiloligopolistisch beschränktes Nachfrage-monopol	Oligopolistisch beschränktes Nachfrage-monopol	Teilmonopolistisch beschränktes Nachfragemonopol	Beiderseitiges Monopol

Abb. 4

ihrer Partner oder Konkurrenten rechnen. Weitergehend als von Stackelberg geht Eucken von fünf Grundformen aus, da er Teiloligopol und Teilmonopol als selbständige Marktformen ansieht (Abb. 4).

Die Zahl von 25 Marktformen erhöht sich, wenn nun auch die Offenheit oder Geschlossenheit des Marktes jeweils auf der Angebots- bzw. Nachfrageseite berücksichtigt wird, auf 100.

Während von Stackelberg von der morphologischen Struktur, von der Anzahl der Marktteilnehmer auf deren Verhaltensweise schloß, geht Eucken faktisch nur von der Verhaltensweise aus, ohne dies allerdings zuzugeben. So besteht z. B. ein Monopol dann, wenn der Anbieter die zu erwartenden Reaktionen seiner Kunden in seinen Wirtschaftsplan einbezieht und dann entweder Preis oder Menge bestimmt. Andererseits ist für die Marktform der Konkurrenz nicht entscheidend, daß durch Mengenveränderung in keinem Fall eine Preisänderung bewirkt wird, sondern allein die Tatsache, daß der Marktteilnehmer mit einer solchen Reaktion rechnet und danach sein Verhalten einrichtet.

3. Auch Eucken erkannte, daß nur die wenigsten Marktformen von sich aus zu einem Gleichgewicht tendieren. Daraus erwuchs sein Streben, über die Marktformentheorie hinaus diejenigen institutionellen Bedingungen zu erarbeiten, die eine möglichst weitgehende Stabilität des marktwirtschaftlichen Gesamtsystems garantieren. Der Aufbau einer Wettbewerbsordnung als Verschmelzung von Wirtschaftstheorie und -politik, als Abgrenzung der realen Möglichkeiten, die die zentrale Planung gegenüber der Marktwirtschaft hat, die Entwicklung von Methoden und Grenzen staatlicher Ordnungsbegriffe im Hinblick auf eine funktionsfähige, dauerhafte Wettbewerbsordnung, die Gestaltung der Wirtschaftsordnung unter Berücksichtigung der Erkenntnisse, die sich aus der Marktformenlehre ergaben — dies waren die Aufgaben, die sich Eucken und seine Schüler, nach ihrem Wirkungsort 'Freiburger Schule' genannt, stellten. Das einigende Moment dieser Forscher liegt in dem Bestreben, den

Wettbewerb als eine staatliche Ordnungsaufgabe anzusehen, d. h. die konkret in der Wirklichkeit gegebenen Marktformen durch ordnungspolitische Mittel so umzugestalten, daß auf möglichst vielen Märkten ein möglichst vollkommener Wettbewerb entsteht. Der Wettbewerb, jene seit der Klassik unterstellte, dann als Ausnahme (vgl. Joan ROBINSON) erkannte Ordnungsform, sollte als Idealziel angestrebt, alle anderen, weniger befriedigenden Marktformen abgebaut bzw. neutralisiert werden.

Weiterführende Literatur:

Eucken, Walter, Die Grundlagen der Nationalökonomie, Jena 1940.

—, Wissenschaft im Stile Schmollers, in: Weltw. Arch., Bd. 52, 1940.

—, Grundsätze der Wirtschaftspolitik, hrsg. v. Edith Eucken und K. Paul Hensel, Bern/Tübingen 1952.

3. Neuere Entwicklungen

a) Theorie der Verhaltensweisen

Bereits bei EUCKEN spielte das tatsächliche Verhalten der Marktteilnehmer eine entscheidende Rolle. Tatsächlich war die schematische Einteilung der Marktformenlehre (einer — wenige — viele) bereits seit den intensiven Untersuchungen über Markt und Marktverhalten in den frühen 30er Jahren fragwürdig geworden. Anknüpfend an BOWLEYS Arbeiten über das Oligopol legt Ragnar FRISCH (geb. 1895) 1933 eine Typologie der Verhaltensweisen der Unternehmer am Markt vor, in der er zwischen elementarer Anpassung, parametrischer Aktion und allgemeiner Verhandlungsstrategie unterscheidet. Erich SCHNEIDER hat zehn Jahre später diese Gedanken wieder aufgegriffen und folgende Systematik aufgestellt:

1. Mengenanpassung, d. h. der Unternehmer nimmt die Preise als Datum und paßt sich mit der Menge so an, daß er seinen Maximalgewinn verwirklicht (Menge = Aktionsparameter).
2. Preisfixierung, d. h. aufgrund einer konjekturalen Preis-Absatz-Funktion setzt der Unternehmer seinen Preis fest

(Preis = Aktionsparameter), der Nachfrager bestimmt die Menge, die er zu diesem Preis abnehmen will (Menge = Erwartungsparameter).

3. Mengenfixierung, d. h. aufgrund einer konjekturalen Preis-Absatz-Funktion wird die angebotene Menge festgesetzt (Menge = Aktionsparameter), die Nachfrager bestimmen den Preis, zu dem diese Menge abgenommen wird (Preis = Erwartungsparameter).
4. Optionsfixierung, d. h. Preis und Menge werden festgesetzt, es besteht nur die Möglichkeit, zu akzeptieren oder abzulehnen.
5. Kampf- und Verhandlungsstrategie, d. h. außer einer möglichen friedlichen Anpassung können Kampfmaßnahmen, Kartellabsprachen usw. das Verhalten bestimmen.

Für die Fälle 3. und 4. wird zwischen monopolistischen, polypolistischen und oligopolistischen Verhaltensweisen unterschieden, je nachdem, welche Erwartungen der Anbieter über das Verhalten seiner Konkurrenten hat.

Die Ausbildung dieser Lehre von den Verhaltensweisen führte dazu, daß die morphologische Struktur der Marktformen mehr und mehr in den Hintergrund trat. Neben SCHNEIDER, SCHMÖLDERS, MACHLUP u. a. waren auch Betriebswirte wie Erich GUTENBERG (geb. 1897) der Meinung, daß es für die Preisbildung weit mehr auf das tatsächliche Marktverhalten des einzelnen als auf die vorliegende Marktform ankomme. Auf die Arbeiten TRIFFINS und seine Ablehnung der morphologischen Einteilung wurde bereits hingewiesen.

Alfred E. OTT (geb. 1929) setzt sich kritisch bereits wieder mit den Verhaltensweisen-Kriterien von FRISCH und SCHNEIDER auseinander. Er differenziert zwischen wirtschaftsfriedlichen Verhaltensweisen (Anpassung) sowie Kampf- und Verhandlungsstrategien (Strategien) und prüft, ob zwischen einer bestimmten Verhaltensweise und einer bestimmten Marktform nicht eine zwangsläufige Abhängigkeit in der Form besteht, daß eine bestimmte Marktform eine bestimmte Verhaltensweise erzwingt oder zumindest nahelegt. Insoweit wird der Auffassung

Schneiders, wonach die morphologische Einteilung völlig unerheblich sei, widersprochen. In gleicher Weise widmet sich Karl Brandt (geb. 1923) dem Zusammenhang von Marktform und Verhaltensweisen, wenn er als Grundform die totale Marktanpassung, begrenzte Marktanpassung und das Kampfverhalten schildert. Bestimmte Marktformen (Marktstrukturen) lassen seiner Ansicht nach nur eine bestimmte Verhaltensweise zu, in anderen, wie z. B. dem Oligopol, sind dagegen mehrere Verhaltensweisen denkbar; entsprechend unterscheidet Brandt zwischen einem strukturunabhängigen und strukturabhängigen Verhalten. Darüber hinaus sucht er die strategischen Verhaltensweisen bei gegebener Struktur zu ermitteln, wobei er für den Fall, daß das angestrebte Ziel (z. B. Gewinnmaximierung) mit verschiedenen Mitteln erreicht werden kann (= mehrdeutiges Verhalten) Anschluß an die modernen Methoden der Unternehmensplanung, an die Verfahren des 'Operations Research' findet.

Wilhelm Krelle (geb. 1916) versucht, mit der Preisbeweglichkeit der Nachfrage ein neues Kriterium für die Beschreibung der Marktformen zu gewinnen. Je nachdem ob und in welcher Weise eine Nachfrageveränderung „fühlbar" wird, wenn der Anbieter eine bestimmte marktstrategische Maßnahme getroffen hat, kann nach Krelle die Intensität der Konkurrenz und damit die Marktform festgestellt werden. Schließlich hat sich die Theorie auch mit der Veränderung bestimmter Marktformen im Zeitablauf befaßt. Diese „dynamische" Theorie der Marktformen untersucht, wie und warum z. B. aus einem Konkurrenzmarkt ein Monopolmarkt wird, welche Gründe — so etwa bei Louis J. Zimmerman — für den „Hang zur Monopolbildung" sprechen. Auch verzögerte Reaktionen bei Preis- und Mengenanpassung, Substitutionsmöglichkeiten u. ä. m. finden im Rahmen einer solchen Dynamisierung der Marktformentheorie heute Berücksichtigung.

Aus der Marktformenlehre hat sich eine Verhaltens- und Entscheidungstheorie entwickelt, die sich bemüht, möglichst alle Verhaltens- und Entscheidungsmöglichkeiten des Unternehmens (aber auch — wenngleich noch weniger ausgebildet — der Nachfrager) zu erfassen. So sind zahlreiche Arbeiten über die Entscheidung bei Unsicherheit und Risiko erschienen. Je wirklichkeitsnäher die Theorie hier operiert, um so größer wird die Gefahr, sich in unzähligen Einzelfällen zu verlieren, da bestimmte Verhaltensweisen von sehr unterschiedlichen Motiven bestimmt sein können und es immer schwieriger wird, eindeutige Regeln aufzustellen. Aus dem Gebiet des 'Operations Research' haben John von Neumann (1903—1957) und Oskar Morgenstern (geb. 1902) die Spieltheorie herangezogen, um mit ihrer Hilfe Marktverhalten und -strategie einzelner Marktteilnehmer anschaulich zu machen. Ähnlich einem nach bestimmten Regeln ablaufenden Spiel, das trotzdessen jedem Mitspieler einen größeren individuellen Handlungsraum läßt, soll in solchen Spielen der Strategie eigenes Verhalten und das der Mitspieler (= Konkurrenten) sichtbar werden, wenn Entscheidungen getroffen werden müssen, ohne daß alle Variablen bekannt sind. Die Übertragung spieltheoretischer Erkenntnisse auf hier relevante wirtschaftstheoretische Zusammenhänge ist allerdings noch weitgehend offen, immerhin hat sich der Forschung damit ein neuer Weg geöffnet.

Weiterführende Literatur:

Frisch, Ragnar, Monopole — Polypole. La Notion de force dans l'Économie, in: Festschrift für Harald Westergaard, Kopenhagen 1933 (dtsch.: Monopol — Polypol — Der Begriff der Kraft in der Wirtschaft, in: Alfred E. Ott (Hrsg.), Preistheorie, Köln/Berlin 1965.

Schneider, Erich, Zielsetzung, Verhaltensweisen und Preisbildung, in: Jahrb. f. Nat. u. Stat., Bd. 157, 1943.

—, Einführung in die Wirtschaftstheorie, II. Teil, Tübingen 1949.

v. Neumann, John; Morgenstern, Oskar, Theory of Games and Economic Behavior, Princeton 1944 (dtsch.: Spieltheorie und wirtschaftliches Verhalten, Würzburg 1961.

Morgenstern, Oskar, Die Theorie der Spiele und das wirtschaftliche Verhalten, in: Jahrb. f. Sozialw., Bd. 1, 1950.

Recktenwald, Horst C., Zur Lehre von den Marktformen, in: Weltw. Arch., Bd. 67, 1951.

Zimmerman, Louis J., Versuch einer Dynamik der Marktformen, München 1951.
—, The Propensity to Monopolize, Contributions to Economic Analysis, Bd. 2, Amsterdam 1952.
Ott, Alfred, Zur dynamischen Theorie der Marktformen, in: Jahrb. f. Nat. u. Stat., Bd. 167, 1955.
—, Marktform und Verhaltensweise, Stuttgart 1959.
—, Preistheorie, in: Jahrb. f. Sozialw., Bd. 13, 1962.
—, Grundzüge der Preistheorie, Göttingen 1968.
Brandt, Karl, Preistheorie, Ludwigshafen 1960.
Krelle, Wilhelm, Preistheorie, Tübingen/Zürich 1961.

b) Oligopoltheorie

Nachdem man Monopol und Konkurrenz als Sonderfälle erkannt hatte, widmete sich die Forschung in besonderer Weise den Oligopolmärkten, zumal diese Marktform in der Praxis offensichtlich immer größere Bedeutung gewann. Hinzu kam, daß gerade das Oligopol die unterschiedlichsten Verhaltensweisen zeigen konnte, wie schon in den Arbeiten von COURNOT, VON STACKELBERG und BOWLEY nachgewiesen worden war. Offensichtlich hing dies damit zusammen, daß der Oligopolist bei seiner Gewinnmaximierung Variable in Rechnung stellen mußte, die er nur teilweise kannte bzw. kontrollierte.

Auffallend für ein Oligopol war die relative Preisstarrheit seiner Angebotspreise. Zu ihrer Erklärung wurde besonders durch Arthur R. BURNS die Lehre von der Preisführerschaft (price leadership) entwickelt, wonach gerade bei einem Teilmonopolisten kleinere Anbieter sich an die von ihm gesetzten Preise anpassen und dieser dann keinen Grund hat, seinen Preis kurzfristig zu ändern.

Robert L. HALL, Charles J. HITCH und Paul M. SWEEZY haben zur Erklärung der Preisstarrheit eine Theorie der geknickten Absatzkurve (kinky demand curve) aufgestellt, wonach Konkurrenten eines Oligopolisten Preissenkungen relativ schnell, Preiserhöhungen dagegen nur sehr zögernd übernehmen. Preiserhöhungen würden somit beim Oligopolisten zu Absatzeinbußen führen, so daß er dahin tendiert, am „konventionellen“

Preis nach Möglichkeit festzuhalten. In der graphischen Darstellung (Abb. 5) verläuft die Preis-Absatz-Kurve (PAF) des Oligopolisten oberhalb des konventionellen Preises (P_k) flacher als unterhalb, dieser „Knick“ bezeichnet den Punkt (K), den der Oligopolist nur ungern verläßt.

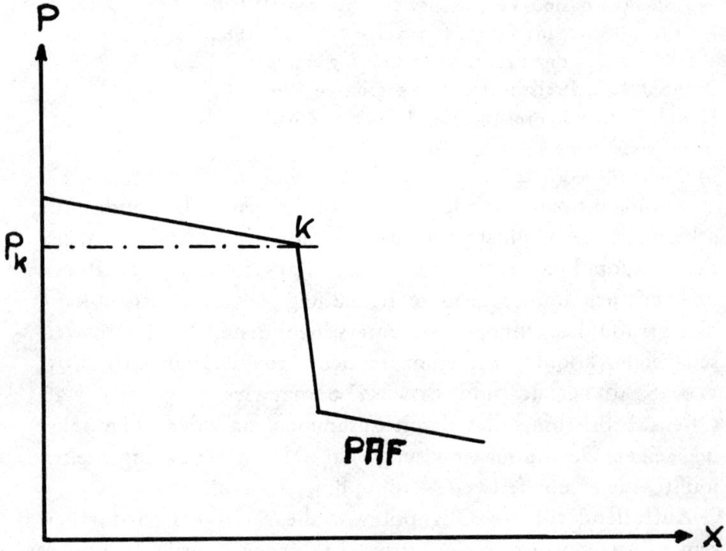

Abb. 5

Damit wäre auch für einen Oligopolmarkt eine Gleichgewichtssituation denkbar, allerdings wird dieses Verhalten des Oligopolisten von George J. STIGLER nicht als realistisch hingenommen. Die erwarteten, letztlich jedoch unbekannten Reaktionen der Konkurrenten lassen auch die Spieltheorie geeignet erscheinen, über einen Oligopolmarkt bestimmte Aussagen zu gewinnen. Allerdings werden auch hier nur Angaben über mögliche Strategien und ihre eventuellen Folgen erwartet werden können, zuverlässige Aussagen wie im Konkurrenz- und Monopolfall dürfen kaum erwartet werden. Neuerdings hat Wilhelm KRELLE eine umfassende Darstellung der Oligopolpreispolitik gegeben, wobei wiederum die Fragen des Gleichgewichts, d. h. der relativen Preisstarrheit im Mittelpunkt stehen.

Weiterführende Literatur:

Burns, Arthur R., The Decline of Competition, New York/London 1936.

Sweezy, Paul M., Demand under Conditions of Oligopoly, in: Journal of Political Economy, Bd. 47, 1939.

Hall, Robert L.; Hitch, Charles J., Price Theory and Business Behaviour, in: Oxford Economic Papers, Bd. 2, 1939.

Stigler, George J., The kinky Oligopoly Demand Curve and Rigid Prices, in: Journal of Political Economy, Bd. 55, 1947.

Fellner, William J., Competition among the Few, New York 1949.

Chamberlin, Edward H., On the Origin of „Oligopoly", in: Economic Journal, Bd. 67, 1957.

Krelle, Wilhelm, Preistheorie, Tübingen/Zürich 1961.

Die Beiträge von Sweezy, Stigler wie auch andere zum Oligopolproblem sind in deutscher Übersetzung erschienen in: Ott, Alfred (Hrsg.), Preistheorie, Köln/Berlin 1965.

c) Wettbewerbsordnung

Stärker noch als EUCKENS Marktformenlehre hat seine damit eng verbundene Morphologie der Wirtschaftssysteme weitergewirkt. Die wirtschaftspolitische Konzeption EUCKENS und seiner Mitstreiter läuft darauf hinaus, den Staat als Garanten einer Wettbewerbsordnung zu gewinnen und alle Marktformen im Sinne der vollständigen Konkurrenz umzugestalten. Dieses läßt sich allein in einer freiheitlichen Wirtschaftsordnung, frei von Zwang und staatlichen Eingriffen, von Monopolherrschaft und geschlossenen Märkten verwirklichen. Die Konzeption des Neo-Liberalismus sieht den Wettbewerb als Aufgabe, als „staatliche Veranstaltung", der den Preismechanismus funktionsfähig macht, die vollständige Konkurrenz aller vor monopolistischen Einflüssen schützt und eine Ordnung setzt, innerhalb deren dem klassischen Prinzip des 'laissez-faire' weitgehend Raum bleibt (Ordoliberalismus).

Die Lehre der Freiburger Schule ist im wesentlichen das Resultat einer jahrelangen systematischen Kritik der verschiedensten

Formen staatlicher Plan- und Zwangswirtschaft. Der kritische Widerspruch forderte Freiheit des Unternehmers, Wahlfreiheit des Konsumenten, Abbau einer unproduktiven Wirtschaftsbürokratie, Wettbewerbsfreiheit für alle. In dieser Ablehnung jeglichen zentralverwaltungswirtschaftlichen Zwanges fand EUCKEN weitgehend Zustimmung, so z. B. von Adolf WEBER, Friedrich A. VON HAYEK, Wilhelm RÖPKE, Alexander RÜSTOW u. a. Der klassischen Vorstellung eines sich automatisch einstellenden Gleichgewichts stellte man den Gedanken des staatlich garantierten und kontrollierten Wettbewerbs gegenüber. Die Notwendigkeit staatlicher Lenkung im Hinblick auf Organisation und technische Schwierigkeiten der Wirtschaftsstruktur wird nicht geleugnet, jedoch soll der Staat auf den einzelnen Teilmärkten nur den ordnungspolitischen Rahmen schaffen, der eigentliche Wirtschaftsablauf dagegen müsse sich aufgrund freier Entscheidungen aller Beteiligten vollziehen. Damit wird der Wesensunterschied zwischen Klassik und Neo-Liberalismus deutlich: dort ist der Wettbewerb ein Naturzustand, der sich immer zum Besten aller durchsetzt, solange nicht in das Wirtschaftsgeschehen eingegriffen wird. Hier ist der Wettbewerb ein Geschöpf staatlicher Ordnungspolitik, das des staatlichen Schutzes bedarf.

Die damit entwickelte Konzeption ist durch Alfred MÜLLER-ARMACK (geb. 1901) als 'soziale Marktwirtschaft' mit einer den Nachkriegsverhältnissen angepaßten stärkeren Betonung sozialer Belange ausgebaut und nach 1948 von Ludwig ERHARD (geb. 1897) zum Leitbild der westdeutschen Wirtschaft erhoben worden.

Für die Lehre von Markt und Preis ist es nicht nebensächlich, daß diese Wirtschaftsordnung verwirklicht wurde und in manchen Details Kritik erfahren hat. Gerade wenn der Wettbewerb in den Mittelpunkt gestellt wird, ist dies für die Markt- und Preistheorie besonderer Anlaß, sich mit den vielfachen Marktformen und Verhaltensweisen zu befassen, die dem Wettbewerbsprinzip nicht entsprechen. Die intensive Erörterung von Marktverhalten, Preistheorie und -politik, die in der Volkswirtschaftslehre seit Erich SCHNEIDER und in der Betriebswirtschaftslehre seit Erich GUTENBERG im Nachkriegsdeutschland stattfindet, liefert den Beweis dafür.

Weiterführende Literatur:

Böhm, Franz, Wettbewerb und Monopolkampf, Berlin 1933.

—, Die Ordnung der Wirtschaft als geschichtliche Aufgabe und rechtsschöpferische Leistung, Stuttgart/Berlin 1937.

Miksch, Leonhard, Wettbewerb als Aufgabe. Die Grundsätze einer Wettbewerbsordnung, Stuttgart 1937.

Röpke, Wilhelm, Die Lehre von der Wirtschaft, Wien/Berlin 1937.

—, Civitas humana. Grundfragen der Gesellschafts- und Wirtschaftsreform, Erlenbach/Zürich 1944.

Müller-Armack, Alfred, Wirtschaftslenkung und Marktwirtschaft, Hamburg 1947.

v. Hayek, Friedrich, Individualismus und wirtschaftliche Ordnung, Erlenbach/Zürich 1952.

VI. KEYNES UND DIE NEUE WIRTSCHAFTSLEHRE

1. Die Keynessche Lehre

John Maynard KEYNES (1883—1946) ist sicher die bedeutendste, zugleich auch die am meisten mißverstandene Persönlichkeit der jüngeren Nationalökonomie und neben MARSHALL, dessen Schüler er war, wohl der größte englische Nationalökonom der Neuzeit. In seiner Vielseitigkeit wird KEYNES oft als Gegenpol zum Neo-Liberalismus EUCKENS angesehen: Statt des 'laissez-faire'-Prinzips folgert aus KEYNES' Überlegungen eher ein Wirtschaftssystem mit aktiver staatlicher Wirtschaftspolitik, welches das von ihm nachgewiesene mögliche Ungleichgewicht einer freien Wirtschaft beseitigt. Die Sicherung der Vollbeschäftigung ist dabei ein wesentliches Ziel. Nach KEYNES ist es bewiesen, daß ein aufgeklärter Egoismus des einzelnen nicht immer zum Besten führt und daß psychologische Momente unseres wirtschaftlichen Handelns nicht rational, sondern von unbegründeten Hoffnungen und Befürchtungen beeinflußt sind. Ein absoluter Konservatismus (Festhalten an klassischen Vorstellungen) sei ebenso schädlich wie der orthodoxe Sozialismus. Der Staat müsse sich aber jener Dinge (social goods) annehmen, die sonst überhaupt nicht getan würden, nur so könne eine leistungsfähige Gesellschaftsordnung zustande kommen. Andererseits sind die Bindungen KEYNES' an die Neo-Klassik CASSELS nicht zu übersehen, wie auch schließlich Wohlfahrtstheoretiker sich auf CASSEL stützen können, der ähnlich MARSHALL mit der Nationalökonomie immer ethisch-humanitäre Ideen des „Besserwollens" verbindet. Trotz sicher liberaler Grundhaltung war KEYNES der große Kritiker der orthodoxen, 'klassischen' Nationalökonomie, deren theoretische Einsichten er einer umfassenderen, zeitgemäßeren Wirtschaftslehre gegenüberstellt, die vor allem den Zusammenhang und die gegenseitige Beeinflussung makroökonomischer Größen berücksichtigt. Schließlich wird dem Wirtschaftshistoriker auffallen, daß KEYNES seine theoretischen Überlegungen in besonders hohem Maße auf die realen Gegebenheiten und Erfahrungen seiner Zeit, die durch die Weltwirtschaftskrise und ihre Folgen geprägt wurde, stützt.

Erste Bedeutung gewann KEYNES, als er als Delegierter des britischen Schatzamtes bei den Versailler Friedensverhandlungen 1919 die künftigen Schwierigkeiten erkannte, die die Durchführung dieser Verträge auch für die Alliierten mit sich bringen mußten. Die mit den Reparationszahlungen verbundenen internationalen Transfer-Schwierigkeiten wurden von ihm richtig vorausgesehen.[1]

Die Zeitbezogenheit seines theoretischen Denkens, aber auch schon Ansätze seiner späteren allgemeinen Theorie werden in seiner Untersuchung über die Kriegswirtschaft deutlich[2]. Die kontinuierliche Arbeitslosigkeit der 1920er Jahre und schließlich die Weltwirtschaftskrise mit ihren Folgen zeigten KEYNES, wie die Position der Klassik mit ihrem Glauben an nie fehlende Beschäftigungschancen und Investitionsgelegenheiten endgültig erschüttert wurde. Die Weltwirtschaftskrise führte allgemein zu deflatorischen Erscheinungen. Die wirksame Geldmenge, die nachfragefähigen Geldeinkommen wurden zu klein, um die angebotenen Güter zu unveränderten Preisen kaufen zu können. Betriebsstillegungen, Arbeitslosigkeit und Einkommensminderungen waren die Folge. Die nach klassischer Auffassung von niedrigen Zinssätzen ausgehenden Investitionsanregungen blieben aus, die pessimistischen Zukunftserwartungen hielten die Unternehmer ab, neue Kredite aufzunehmen. Investitionen, Um-

[1] Keynes, John Maynard, The Economic Consequences of Peace, London 1919 (deutsch: Die wirtschaftlichen Folgen des Friedensvertrages, München 1920).

[2] Keynes, John Maynard, The End of Laissez-faire, London 1926 (deutsch: Das Ende des Laissez-faire, Ideen zur Verbindung von Privat- und Gemeinwirtschaft, München/Leipzig 1926).

satz und Einkommen gingen wie auch die Geldumlaufgeschwindigkeit weiter zurück, nicht ausgenutzte Kreditmöglichkeiten und Geldhorte nahmen zu.

Diese gerade in England und USA sichtbar werdenden Tatsachen haben KEYNES' theoretische Arbeiten stark beeinflußt. Er wollte theoretische Grundlagen der Wirtschaftswissenschaft unmittelbar mit dem realistischen wirtschaftsgeschichtlichen Überbau verbinden, eine direkte Verzahnung der Wirklichkeitserkenntnis mit den daraus zu ziehenden theoretischen Folgerungen erreichen.

In KEYNES nationalökonomischen Vorstellungen spielt das Geld eine zentrale Rolle. Erfolge und Mißerfolge einer Wirtschaft hängen von den jeweils einsatzfähigen Geldeinkommen ab, da die Nachfrage lediglich eine Geldgröße ist. KEYNES wendet sich damit gegen MARSHALL, der seine reine Theorie als eine güterwirtschaftliche Theorie aufbaut und dem Geld nur die neutrale Rolle des Tauschmittlers zugewiesen hat. Nach KEYNES' Auffassung spielt die Geldversorgung einer Wirtschaft für die Konjunktur eine entscheidende Rolle. Bei Übereinstimmung von tatsächlichem Geldzins und erwarteter Grenzproduktivität des Kapitals stimmen auch Ersparnis und Investition überein. Übersteigt dagegen die Investition die Ersparnis, weil der Geldzins sinkt oder die erwartete Grenzproduktivität des Kapitals ansteigt, wird neues Geld geschaffen oder werden Horte aufgelöst, es kommt zu Preissteigerungen und einem aufwärts verlaufenden Prozeß. Übersteigt die Ersparnis die Investition, weil der Geldzins angestiegen oder die erwartete Grenzproduktivität gefallen ist, so entsteht ein Sparüberhang, der bei der allgemein pessimistischen Erwartung erhalten bleibt und nicht als nachfragende Geldmenge in Erscheinung tritt. Durch diesen Nachfrageausfall kommt es zu einer umfassenden Preissenkung.[3]

[3] Keynes, John Maynard, A Treatise on Money, London 1930 (deutsch: Vom Gelde, München/Leipzig 1932).

KEYNES hat damit zunächst eine monetäre Konjunkturtheorie geliefert, die ähnlich der von Irving FISHER[4] oder Ludwig VON MISES[5] an WICKSELLS Zinsspannentheorie anknüpft. Monetäre Konjunkturtheorien hatten vor ihm auch Ralph G. HAWTREY[6] und Albert HAHN (1889—1968) aufgestellt. Während HAWTREY nach KEYNES die Bedeutung des Diskontsatzes überschätzt, setzt sich HAHN vor allem mit den banktheoretischen Grundlagen der Kreditschöpfung auseinander, wobei der „inflatorische Kredit" Ausgangspunkt seiner Konjunkturlehre wird. Auch VON MISES widmet dieser Kreditschöpfungsmöglichkeit für eine zusätzliche Geldversorgung besondere Aufmerksamkeit. Bei KEYNES kommt neu hinzu, daß er bei seiner Theorie psychologische Momente, wie z. B. die Unternehmererwartungen, stärker in den Vordergrund rückt.

Unter dem Eindruck der lang anhaltenden Depression haben die frühen 1930er Jahre das Augenmerk der Nationalökonomie in besonderem Maße auf die Zusammenhänge zwischen Geld, Kredit, Konjunktur und Beschäftigung gelenkt, haben zur Kritik an den klassischen Lehren geradezu herausgefordert. Das offensichtliche Versagen des der Wirtschaft angeblich innewohnenden Automatismus, die Depression als Dauerzustand, ließen unzählige Vorschläge und Theorien entstehen, die teilweise später von KEYNES systematisierte Gedanken bereits vorwegnehmen und makroökonomische Zusammenhänge in neuer Weise aufdecken.[7]

KEYNES legt seine neue Wirtschaftslehre 1936 vor.[8] Wenn auch

[4] Fisher, Irving, The Purchasing Power of Money, New York 1911 (deutsch: Die Kaufkraft des Geldes, Berlin/Leipzig 1922).

[5] v. Mises, Ludwig, Theorie des Geldes und der Umlaufmittel, München/Leipzig 1912.

[6] Hawtrey, Ralph G., Good and Bad Trade. An Inquiry into Causes of Trade Fluctuations, London 1913.

[7] Hahn, Albert L., Volkswirtschaftliche Theorie des Bankkredits, Tübingen 1920 (3. Aufl. 1930). Nöll von der Nahmer, Robert Ph., Der volkswirtschaftliche Kreditfonds, Berlin 1934.
Preiser, Erich, Grundzüge der Konjunkturtheorie, Tübingen 1933. Eucken, Walter, Kapitaltheoretische Untersuchungen, Jena 1934. Zahlreiche Hinweise auf weitere Vorläufer finden sich bei Grotkopp, Wilhelm, Die große Krise, Düsseldorf 1954.

[8] Keynes, John Maynard, The General Theory of Employment,

primär von den Ereignissen der Krise und Depression bestimmt, stellt er doch eine „allgemeine Theorie“ vor, die nicht Konjunkturheilmittel für eine bestimmte Situation sein soll, sondern Grundlage einer weiterführenden wirtschaftspolitischen Konzeption, die Vollbeschäftigung und Wohlstand aller Menschen erreichen will. Weitergehend als in seinem Buch von 1930 widerspricht KEYNES jetzt der klassischen Anschauung, daß der Konsumverzicht in einer Volkswirtschaft automatisch zu einer entsprechenden Investition führt und das Gesamtangebot und Gesamtnachfrage auf lange Sicht wertgleiche Größen seien. Sein Ausgangspunkt ist die These, daß alle konjunkturellen Schwankungen von unvorhersehbarem Verhalten der einzelnen Wirtschaftssubjekte bei der Verwendung bzw. bei der Entscheidung über die Verwendung ihrer Einkünfte hervorgerufen würden. Die Konjunkturtheorie vor KEYNES interessierte sich in erster Linie bei den angeblichen Ursachen des Konjunkturgeschehens für das Verhältnis von Sparen und Investieren. Man war sicher, auf jeden Sparakt folge früher oder später eine gleich hohe Investition.

Hier setzt nun KEYNES' Kritik an. Er behauptet, die wirtschaftlichen Wechsellagen müßten aus dem Verhältnis von Verbrauch, Investition und Horten erklärt werden, diese drei Formen der Einkommensverwendung seien die eigentlichen Bezugsgrößen, auf die sich jede Konjunktur- und Wachstumstheorie stützen müsse. Zum Verständnis dieser Formen der Einkommensverwendung ist es notwendig, auf die psychologischen Reaktionen der einzelnen Wirtschaftssubjekte in bestimmten Situationen und bei bestimmten Erwartungen einzugehen. Der in der Wirtschaft handelnde Mensch, der Entscheidungen im Zeitablauf zu treffen hat, d. h. bei dem zwischen Entscheidung und eintretender Wirkung ein 'time-lag' liegt, wird von bestimmten Erwartungen erfüllt. Wenn solche Erwartungen Produktion und Beschäftigung, Sparen und Investieren bestimmen,

Interest and Money, London/New York/Toronto 1936 (deutsch: Allgemeine Theorie der Beschäftigung, des Zinses und des Geldes, München/Leipzig 1936).

ist es notwendig, über das Zustandekommen dieser Erwartungen näheres zu wissen.

Das Keynessche System stützt sich auf folgende Grundbegriffe:

1. Das Horten.

Geldhorte kommen durch Stillegung der zum Umlauf in der Volkswirtschaft bereitstehenden Geldmenge zustande. Im einzelnen Haushalt bzw. Betrieb schlagen sich solche Horte durch eine erhöhte Liquidität, durch vergrößerte Kassenhaltung, nieder. Jedes Wirtschaftssubjekt ist bestrebt, sein Einkommen und Vermögen möglichst flüssig zu halten, um jederzeit dank dieser Liquidität eine seinen Verhältnissen entsprechende, günstig sich bietende Form der Anlage wählen zu können. Die Vorliebe für Liquidität, für die Haltung einer Bargeld-Reserve, erklärt KEYNES mit der Ungewißheit menschlicher Zukunftserwartung. Im einzelnen führt er drei Motive an, denen er später noch ein viertes hinzufügt:

a) Das Umsatzmotiv (Transaktionsmotiv).
   Bei allen Wirtschaftssubjekten fällt die Einkommenserzielung und die Verausgabung des Einkommens zeitlich auseinander. Um Einnahmen und Ausgaben zu koordinieren, um geplante und ungeplante Umsätze im wirtschaftlichen Verkehr tätigen zu können, muß notwendigerweise eine gewisse Kassenhaltung gegeben sein.
b) Das Vorsichtsmotiv.
   Für unvorhergesehene Ausgaben, günstige Gelegenheiten usw. wird jedes Wirtschaftssubjekt einen Dispositionsfonds liquider Mittel unterhalten, der über die normale, aus dem Umsatzmotiv begründete Kassenhaltung hinausgeht.
c) Das Spekulationsmotiv.
   Jedes Wirtschaftssubjekt hat den Wunsch, über liquide Mittel zu verfügen, um günstige Chancen wahrnehmen zu können. Insbesondere wird es von seiner subjektiven Einschätzung der zukünftigen Zinsentwicklung abhängen, ob liquide Mittel investiert oder in der Kasse gehalten werden.

d) Das Finanzierungsmotiv.

Für geplante, jedoch nicht begonnene Investitionen wird Bargeld bereitgehalten. Dieses von KEYNES nachträglich eingefügte Motiv ist für die weiteren Folgerungen der Theorie nicht von Belang; ebenso hat man später noch weitere Motive für eine Bargeldhaltung gefunden.

Die auf diesen Gründen basierende Liquiditätspräferenz führt zu einer Verminderung der in der Volkswirtschaft zirkulierenden Geldmenge und stellt somit einen selbständigen Faktor im Wirtschaftsleben dar, der auch für die Erklärung des Zinses entscheidend wird.

KEYNES' monetäre Zinstheorie, ebenfalls in der allgemeinen Theorie von 1936 voll ausgebaut, ist eine Liquiditätstheorie, wie sie sich im Ansatz bereits bei Albert HAHN findet. Nach KEYNES hat der Zins nicht die Aufgabe, für die parallele Entwicklung von Konsumverzicht (Sparen) und Investieren zu sorgen, wie dies die Klassik annahm. Der individuelle Konsumverzicht geschieht aus Zukunftsvorsorge; mit den wachsenden Zukunftsrisiken würden solche zurückgelegten Einkommensteile größer werden. Die gleichen Risiken lassen jedoch auch den Unternehmer weniger investieren, so daß letztlich die Sparquote größer ist als die Summe der Investitionen. Wird jetzt für ausreichend vorhandene Geldmittel ein Zins bezahlt, so kann dieser nicht mit dem Zinsverzicht begründet werden. Auch ohne Zins würden die Menschen Zukunftsvorsorge betreiben.

Der Zins ist demnach keine Vergütung für die Produktivität des Kapitals, für die Enthaltsamkeit beim Konsum, sondern ein Preis für den Verzicht auf Liquidität, für die Aufgabe von Horten:

Da also der Zinssatz die Belohnung für die Aufgabe der Liquidität ist, ist er immer ein Maß für die Abneigung derer, die Geld besitzen, auf die liquide Verfügung darüber zu verzichten. Der Zinsfuß ist nicht der „Preis“, der die Nachfrage nach Investitionsmitteln mit der Bereitschaft zum Verzicht auf gegenwärtigen Konsum ins Gleichgewicht bringt. Er ist der „Preis“, der das Verlangen, das Vermögen in der Form von Bargeld zu halten, mit der verfügbaren Menge von Bargeld ins Gleichgewicht bringt.[9]

Geldmenge und Liquiditätsvorliebe bestimmen somit den Zins. Dabei bestehen zwischen Liquiditätsvorliebe und Zinshöhe unterschiedliche Abhängigkeiten: Wird die Liquiditätspräferenz überwiegend vom Umsatz- und Vorsichtsmotiv bestimmt, so ist die hier gehaltene Bargeldmenge nur bei extrem hohen Zinssätzen vom Zins abhängig. Für Umsatz- und Vorsichtskasse ist vielmehr das Volkseinkommen maßgebend, seine Höhe bestimmt zinsunabhängig die Kassenhaltung. Dagegen läßt sich zwischen Spekulationskasse und Zinshöhe ein umgekehrt proportionales Verhältnis feststellen: Wird ein steigender Zins erwartet, so wird Liquidität aufgegeben, rechnet man mit sinkendem Zins, werden die Barreserven erhöht.

Unabhängig davon wird ein niedrigerer Zins die Bargeldhaltung verbilligen. Der Verlust an Zinseinnahmen durch Nicht-Investition ist geringer als bei hohem Zins. Niedrige Zinsen werden demnach die Bargeldhaltung erhöhen, hohe Zinsen zurückgehen lassen. Sobald durch vermehrtes Sparen eine Tendenz zur Zinssenkung ausgelöst wird, wird der Umfang des Hortens zunehmen. Damit wird wiederum die zirkulierende Geldmenge vermindert, Investitionen und Verbrauch werden zwangsläufig zurückgehen, die Einkommen sinken. Kritisch läßt sich gegen diesen Zusammenhang einwenden, daß das Horten viel stärker von Unsicherheitsfaktoren bestimmt wird als von Veränderungen der Zinshöhe.[10]

2. Das Sparen, der Konsum.

Auf der Suche nach den Bestimmungsgründen der Beschäftigung kommt Keynes zu einer Analyse der Gesamtnachfrage in einer Volkswirtschaft. In seiner Untersuchung des Verbrauchs und des Sparens stellt er bestimmte objektive Faktoren fest, die die Men-

[9] Keynes, John Maynard, Allgemeine Theorie, a. a. O., S. 167.

[10] Vgl. Kruse, a. a. O., S. 313.

schen in ihrer Konsum- bzw. Sparneigung bestimmen. Während er den objektiven Faktoren nur untergeordnete Bedeutung zumißt, sind die subjektiven Faktoren, die sich als unterschiedlich motivierte Verhaltensweisen darlegen lassen, von entscheidender Bedeutung für den „Hang zum Verbrauch" und den „Hang zum Sparen", der sich als reziproker Wert ergibt, da das Gesamteinkommen nur diesen beiden Verwendungsmöglichkeiten zugeführt werden kann. Aufgrund der subjektiven Faktoren leitet KEYNES sein „psychologisches Gesetz" ab, wonach bei wachsendem Einkommen die Konsumquote nicht in gleichem Verhältnis steigt. Die Verbrauchsneigung bleibt hinter der Einkommenssteigerung zurück, so daß ein absolut und relativ größerer Teil des Einkommens nicht konsumiert wird. Anders formuliert: mit wachsendem Wohlstand wächst die Möglichkeit zu sparen, da die Konsum-Grundbedürfnisse gedeckt sind. Umgekehrt müssen bei sinkendem Einkommen die Verbrauchsneigung zunehmen und die Sparneigung sinken.

3. Das Investieren.

Der nicht verbrauchte, gesparte Teil des Einkommens muß über den Weg der Investition ebenfalls wieder zur Nachfrage werden, wenn die Bedingung: Nettosozialprodukt = Verbraucherausgaben + Nettoinvestition erfüllt und die Wirtschaft im Gleichgewicht sein soll. Nun ist aber keine Gewähr dafür gegeben, daß die Unternehmer genau den Teil des Volkseinkommens investieren, den die Verbraucher zu sparen bereit sind. Zunächst muß eine Investitionsbereitschaft gegeben sein, die entscheidend von den Erwartungen der Unternehmer abhängt. Als Erwartungsgröße definiert KEYNES die „Grenzleistungsfähigkeit des Kapitals" als „das Verhältnis der voraussichtlichen Grenzproduktivität zu den Reproduktionskosten des betreffenden Kapitalgutes" [11], die im Vergleich mit dem Marktzins den Unternehmer in seiner Entscheidung bestimmt. Weiter folgert KEYNES: Da bei wachsendem Einkommen die Konsumnachfrage nicht im gleichen Ver-

[11] Vgl. Kruse, a. a. O., S. 312.

hältnis zunimmt, muß es zu einer Preissenkung bei Konsumgütern kommen. Infolgedessen werden die Gewinnerwartungen der Unternehmer beeinträchtigt, ihre Investitionsneigung geht zurück. Die nicht verbrauchten, gesparten Einkommensteile liegen brach, sie werden gehortet. Im Endergebnis fällt ein Teil der volkswirtschaftlichen Gesamtnachfrage aus, was bedeutet, daß die Beschäftigung zurückgeht, daß Arbeitskräfte entlassen und Produktionsanlagen stillgelegt werden. Die Gesamteinkommen werden sinken, was dazu führt, daß die Konsum- vor allem aber die Sparquote zurückgeht.

Die von KEYNES damit theoretisch erwiesenen Parallelprozesse — Produktionsstillegung, Arbeiterentlassungen, Einkommensschrumpfungen — wirken verstärkend aufeinander ein. Sie bilden eine abwärts gerichtete Spirale, wie sie bisher — wenn auch in anderem Zusammenhang — nur der WICKSELLsche Deflationsprozeß kannte. Zu einem neuen Gleichgewicht kann es erst dann kommen, wenn sich das Gesamteinkommen im Zuge dieses Schrumpfungsprozesses so vermindert hat, daß die gesamten nicht verbrauchten, d. h. gehorteten, Einkommensteile der Summe gleich sind, die unter den neuen Bedingungen noch für Investitionen nachgefragt wird. Es wird sich dann ein Gleichgewicht einstellen, das kein Vollbeschäftigungsgleichgewicht, sondern ein Gleichgewicht der Unterbeschäftigung ist; ein typisches Deflationsphänomen, verbunden mit Arbeitslosigkeit und stilliegenden Betrieben. Die klassische Annahme einer Parallelbewegung zwischen Spar- und Investitionsvolumen hatte sich damit als falsch erwiesen, der Zins besaß keine Ausgleichsfunktion. Das Risiko, das den Unternehmer vor weiteren Investitionen abschreckte, veranlaßte gleichzeitig den Konsumenten, seinen Verbrauch einzuschränken, den Sparer, mehr zu horten.

Dieses Ergebnis von KEYNES war vorzüglich geeignet, die Ursachen der der Weltwirtschaftskrise nachfolgenden großen Depression zu erklären. Jedoch wollte KEYNES keine Theorie für eine bestimmte Gelegenheit aufstellen; die Bezeichnung „Allgemeine Theorie“ ist zu rechtfertigen, da in gleicher Weise auch andere Situationen des Konjunkturverlaufs erfaßt werden können: Im geschilderten Fall überstiegen die geplanten (freiwilligen) Ersparnisse die geplanten (freiwilligen) Investitionen, ein deflatorischer Prozeß war die Folge. Übersteigen dagegen die geplanten Investitionen die geplanten Ersparnisse, d. h. ist die Nachfrage der Unternehmer nach Investitionsmitteln größer als die Summe des Sparkapitals, das aus den Einkommen bereitgestellt wird, so ist zu unterscheiden:

a) bei einer unterbeschäftigten Wirtschaft mit freien Kapazitäten und Arbeitskräften kommt eine Expansion ohne Preissteigerung in Gang,
b) bei bereits herrschender Vollbeschäftigung wird eine Expansion zu Lasten der Preisstabilität gehen, ein inflatorischer Prozeß ist die Folge.

Keynes hat damit neue Wege für die Beurteilung einer wirtschaftlichen Situation eingeschlagen und entgegen der klassischen Lehre die Möglichkeit eines Gleichgewichts auch bei Unterbeschäftigung nachgewiesen. Die im Mittelpunkt seines Systems stehenden psychologischen Faktoren, die Konsum- und Sparneigung, die Liquiditätsvorliebe und die Investitionsbereitschaft sind geradezu die Antriebsmotoren des Wirtschaftsprozesses, sie bieten sich daher als Ansatzpunkte wirtschaftspolitischer Maßnahmen an.

Die Frage, ob man einen irgendwann vielleicht einsetzenden Aufschwung der Wirtschaft abwarten oder den Übergang von der Unter- zur Vollbeschäftigung mit geeigneten Mitteln unterstützen soll, war für Keynes leicht zu entscheiden. Die konkrete Wirtschaftspolitik ging in den 1930er Jahren bereits weit über das Stadium des Interventionismus hinaus und bediente sich zentralverwaltungswirtschaftlicher Lenkungsinstrumente. Schon von den Hypothesen her war die Wirtschaftspolitik nicht mehr mit der klassischen Theorie vereinbar. Keynes baut nun die staatliche Aktivität in seiner Theorie an entscheidender Stelle ein, so daß jeglicher Staat durch eine entsprechende „Vollbeschäftigungspolitik“ für die Wiederankurbelung der Konjunktur Sorge tragen konnte. Er schlägt dazu u. a. eine Einkommensverteilung vor, die bei den niedrigen Einkommen zu einer Erhöhung des Konsums und damit der Nachfrage führen würde; er tritt ferner für eine Erhöhung der Geldmenge ein, um den Zinsfuß zu senken und damit die Investition anzuregen. Diese monetären Mittel der Beschäftigungspolitik müßten jedoch durch ein direktes staatliches Eingreifen über öffentliche Investitionen ergänzt werden. Mangelnder Investitionswille der Unternehmer sei nicht durch Zinssenkungen zu überwinden, sondern müsse durch staatliche Initiative ersetzt werden. Solche öffentlichen Investitionen zur Überwindung eines konjunkturellen Abschwungs, bzw. einer Depression könnten dann im Wege des 'deficit spending', d. h. durch Beschaffung von Geldmitteln (Kreditaufnahme, Geldschöpfung) über die normalen Staatseinnahmen hinaus, finanziert werden. Mit dieser jetzt theoretisch abgesicherten Aussage wiederholt KEYNES Forderungen, die in dieser Form seit der Weltwirtschaftskrise schon oft gestellt und in Deutschland wie auch in den USA bereits praktiziert wurden.

Zur Veranschaulichung der von solchen Investitionen ausgehenden Wirkungen zieht KEYNES das Multiplikatorprinzip heran. Dieses bereits von Nikolaus JOHANNSEN und Richard F. KAHN[12] beschriebene, von KEYNES in mathematischer Form dargestellte Prinzip verdeutlicht, wie sich die Wirkungen einer Investition gewissermaßen wellenförmig in der Wirtschaft ausbreiten und weitere Investitionen, zunehmende Nachfrage und Beschäftigung zur Folge haben. Der Multiplikator gibt an, um wieviel sich das Volkseinkommen bei einer bestimmten zusätzlichen autonomen Investition ändern wird.

[12] Johannsen, Nikolaus, Depressionsperioden und ihre einheitliche Ursache, Brooklyn 1903.
Kahn, Richard F., The Relation of Home Investment to Unemployment, in: Economic Journal, Bd. 41, 1931.
Neuerdings führt K. G. Zinn den Multiplikatorgedanken und die Vollbeschäftigungspolitik via Staatsausgaben noch auf weit ältere Quellen zurück; vgl. Zinn, Karl G., Staatstätigkeit und Multiplikator in den Schriften Ludwig Galls — eine dogmengeschichtliche Ergänzung zur Beschäftigungstheorie, in: Kyklos, vol. XXII, 1969.

Die Maßnahmen der Vollbeschäftigungspolitik werden zum Mittelpunkt der KEYNESschen Lehre und von Schülern und Anhängern weiter ausgebaut. In USA und England entsteht ein nahezu geschlossenes System der 'fiscal policy', die alle öffentlichen Maßnahmen einschließlich ihrer Fernwirkungen erfaßt, soweit sie konjunkturstabilisierende Bedeutung haben (z. B. öffentliche Investitionen, antizyklische Haushaltspolitik). Teilweise hat sich aus dieser Politik ein Dogma, der 'Keynesianismus' entwickelt; endlich war der Wirtschaftspolitik eine Möglichkeit gegeben worden, Arbeitslosigkeit und Depression wirksam zu bekämpfen, ja bei richtigem zeitlichen, quantitativen und qualitativen Einsatz der Mittel ihre Entstehung zu verhindern.

Sicher sind vor und neben KEYNES ähnliche Gedanken entwickelt worden, bedingt durch die in der wirtschaftlichen Realität gegebenen Fakten. Die Möglichkeiten staatlicher Aktivität und die Bedeutung von Geld und Kredit zur Überwindung der Depression sind z. B. auch von deutschen Autoren mehrfach untersucht worden. NÖLL VON DER NAHMER und HAHN wurden bereits genannt, Hans RICHTER-ALTSCHÄFER, Karl BURKHEISER, Carl FÖHL kommen hinzu.[13]

Aber erst von KEYNES ging die für die nachfolgende Wirtschaftstheorie entscheidende Wirkung aus. Seine theoretischen Ansätze wurden zum Stammbaum für viele neue Zweige der volkswirtschaftlichen Theorie. So wurde die Kreislauftheorie unmittelbar beeinflußt, die Einkommens- und Beschäftigungstheorie in ihrer heutigen Form völlig neu entwickelt, die Grundlagen der modernen Konjunktur- und Wachstumstheorie gelegt, der Geldtheorie und -politik neue Impulse gegeben. Für die Weiterentwicklung und Aktualität Keynesscher Überlegungen bietet die Verteilungstheorie ein Beispiel.

[13] Richter-Altschäfer, Hans, Volkswirtschaftliche Theorie der öffentlichen Investitionen, München/Leipzig 1936.
Burkheiser, Karl, Grenzen des Staatskredits, Berlin 1937.
Föhl, Carl, Geldschöpfung und Wirtschaftskreislauf, München/Leipzig 1937.

Obwohl aus der KEYNESschen Theorie keine vollständige Theorie der funktionellen Einkommensverteilung abgeleitet werden kann, bietet sich jedoch die Möglichkeit, über eine Disaggregation dieses KEYNESschen Systems zu einem Ansatz der makroökonomischen Verteilungstheorie zu gelangen. Durch die Aufteilung des Volkseinkommens und der Konsumausgaben nach Gruppen von Einkommensbeziehern kann der Tatsache Rechnung getragen werden, daß die Faktoreinkommen nicht nur bei den Unternehmern Kosten darstellen, sondern auch als einer der Bestimmungsfaktoren der Nachfragekurve auftreten. Dieser Ansatz der makroökonomischen Verteilungstheorie stellt zwar nur einen bestimmten Teilzusammenhang in den Vordergrund, steht aber damit gleichberechtigt neben mikroökonomischen Ansätzen, beispielsweise der Monopolgrad-Theorie, die auf einer bestimmten Hypothese über das Unternehmerverhalten beruht.[14]

Schließlich ist die moderne staatliche Wirtschafts- und Finanzpolitik ohne KEYNES gar nicht denkbar. Die Nationalökonomie der Gegenwart ist in ihrem Begriffsbild und ihrem Denkansatz von KEYNES geprägt. Der überall herausgestellte Unterschied zwischen Haushalt und Unternehmen, zwischen Verbrauchsneigung und Investitionsbereitschaft, der Einkommensbegriff in zentraler Stellung des Systems funktionaler Abhängigkeit u. a. m. sind Auswirkungen der KEYNESschen Lehre.

2. *Die Kritik an Keynes*

Trotz seines großen Erfolges blieb auch KEYNES nicht frei von Widerspruch. Zunächst hat die stark psychologische Fun-

[14] Hansen, Alvin, Keynes' ökonomische Lehren, Stuttgart/Düsseldorf 1959.
Scheele, Erwin, Einkommensverteilung und Wirtschaftswachstum, Tübingen 1965.
Werner, Josua, und Bernhard Külp, Wachstumspolitik, Verteilungspolitik, Stuttgart 1971.

dierung seiner Theorie Zweifel geweckt, die SCHMÖLDERS als „psychologischen Eklektizismus" bezeichnet.[15] Man bezweifelt, ob sich die Verbraucher wirklich so verhalten, wie dies KEYNES in seiner Betrachtung des Konsums unterstellt. Empirische Untersuchungen haben Verhaltensweisen ergeben, die der Keynesschen Wechselbeziehung zwischen Konsum und Sparen bei steigendem Einkommen widersprechen.[16] Auch der Einfluß der Zinshöhe auf Geldhorte innerhalb der Spekulationskasse wird bestritten. Allgemeine Unsicherheitsfaktoren, erwartete währungs- oder außenhandelspolitische Veränderungen, Steueränderungen u. ä. m. können einen weit größeren Einfluß ausüben. Die tiefe Depression der 1930er Jahre mag KEYNES bestätigen, wenn er behauptet, Investitionen seien nicht von der Zinshöhe, sondern allein von den Erwartungen der Unternehmer abhängig. Andererseits darf die investitionsanregende Wirkung sinkender Zinsen nicht unterschätzt werden. Es spricht auch nichts dafür, daß eine Depression und tiefer Pessimismus der Unternehmer ständig anhalten müsse, d. h. das nach KEYNES mögliche Gleichgewicht einer Wirtschaft bei Unterbeschäftigung muß nicht von Dauer sein, es ist labil und kann ohne sichtbare äußere, rational erklärbare Anlässe überwunden werden. Letztlich kommen hier so viele auch außerwirtschaftliche Faktoren zum Tragen, daß eine Veränderung der wirtschaftlichen Lage auch ohne und außerhalb der von KEYNES theoretisch vorgezeichneten Wege erfolgen kann. Dann allerdings wird auch die Bezeichnung „Allgemeine Theorie" fragwürdig.

Heftig angegriffen wird KEYNES' Zinstheorie, da nicht allein Liquiditätsvorliebe und Geldmenge den Zins bestimmen würden. Bertil OHLIN (geb. 1899) und Dennis H. ROBERTSON (geb. 1890) haben statt dessen eine eigene Kreditmarkttheorie des Zinses (loanable funds theory) entwickelt, in der

[15] Schmölders, Günter, Ökonomische Verhaltensforschung, in: Ordo, Bd. 5, 1953.

[16] Vgl. dazu Duesenberry, James S., Income, Saving and the Theory of Consumer Behavior, Cambridge 1952.

auf Angebots- und Nachfrageseite des Kreditmarktes mehrere Faktoren ermittelt werden, die den Zins als Preis für Kredit bestimmen.[17]

Schließlich wird KEYNES vorgeworfen, seine harte Kritik an der Klassik sei ungerechtfertigt, weil er von anderen Voraussetzungen ausgehe. Die entscheidende Rolle des Buch- oder Giralgeldes bei der zusätzlichen Kreditschöpfung zur Überwindung einer Depression konnte die Klassik nicht in Betracht ziehen, weil zu ihrer Zeit Buchgeld noch keine Rolle spielte. Die zentrale Stellung von Geld und Kredit im Wirtschaftskreislauf für die Steuerung der Konjunktur ist erstmals von KEYNES herausgearbeitet worden. Andererseits hat dies dazu geführt, die Rolle des Geldeinkommens überzubewerten. Es verliert seine Bedeutung, wenn mehr Hoffnungen auf reale Güterversorgung erweckt werden können. Entscheidend ist auf die Dauer die Proportionalität der einsatzfähigen Produktionselemente. Das Gleichgewichtsproblem und damit das Stabilitätsproblem ist in einer freien Wirtschaft nur dann zu lösen, wenn Geld- *und* Güterseite in Einklang stehen. Man darf sicher den Erkenntniswert des rein funktionellen Denkens nicht verkennen, sollte aber auch nicht der Gefahr erliegen, die geldwirtschaftliche Analyse als alleinige Erkenntnisquelle für güterwirtschaftliches Gleichgewicht anzusehen.

Weniger berechtigt scheint der Einwand, die KEYNES folgende 'fiscal policy' würde die Volkswirtschaft auf den Pfad der Inflation führen. Dies kann so sein, wenn die eingeleiteten Maßnahmen nicht rechtzeitig bei Erreichung der Vollbeschäftigung abgebrochen werden, es ist aber keine zwangsläufige Notwendigkeit. Allerdings ist zuzugeben, wie eng auch sonst Theorie und Politik im Werk KEYNES' verbunden sind, daß hier die zeitliche

[17] Ohlin, Bertil, Some Notes on the Stockholm Theory of Saving and Investments, in: Economic Journal, Bd. 47, 1937.
Robertson, Dennis H., Alternative Theories of the Rate of Interest, in: Economic Journal, Bd. 47, 1937.
Vgl. auch Kruse, a. a. O., S. 316.

Dosierung einer Vollbeschäftigungspolitik in der politischen Praxis auf Schwierigkeiten stoßen kann, die dann einen Inflationsprozeß einleiten.[18]

Wie schwierig eine Beurteilung der Keynes-Kritik oft ist, zeigt sich bei Albert Hahn, der sowohl unter die Vorläufer und Anhänger als auch unter die Gegner von Keynes gerechnet wird. Vertrat er in seiner Volkswirtschaftstheorie des Bankkredites (s. oben) noch ähnliche Ansichten wie Keynes, so wurde er später zu seinem Gegner.[19] Allerdings enthält seine neo-klassische Abrechnung mit Keynes mehrfach Widersprüche und Unklarheiten, die ihrerseits zur Kritik herausfordern.

In der gesamten Keynes-Kritik wird deutlich, wie sehr seine Lehre ein Beispiel dafür bietet, daß die meisten dogmatischen Meinungsverschiedenheiten in der Nationalökonomie von der Überbetonung einzelner Faktoren herrühren und daß sie gegenstandslos werden, wenn eingesehen wird, daß es im Wirtschaftsleben keine Monokausalitäten gibt. Dafür ist die historische Entwicklung der Wirtschaft als einer gesellschaftlichen Erscheinung viel zu kompliziert.

3. Hansens Lehre der Mature Economy

Dauer und Schwere der Depression der 1930er Jahre standen Pate für jene Gedanken der Keynesschen Lehre, die die Gefahr eines Dauerzustandes der Depression anklingen lassen.[20] In der langfristigen Betrachtung von Konsum, Sparen und Investition werden die Möglichkeiten der Vollbeschäftigung, der neuen Investitionschancen, sehr schlecht beurteilt, da die Verbrauchs-

[18] Vgl. auch Haberler, Gottfried, Prosperität und Depression, Zürich 1955.

[19] Hahn, Albert, The Economics of Illusion, New York 1949. — Ders., Zwischen Inflation und Arbeitslosigkeit, Frankfurt 1958.

[20] Aus dem deutschen Schrifttum vgl. besonders Lukas, Eduard, Aufgaben des Geldes, Stuttgart/Berlin 1937.

neigung mit zunehmender Sättigung abnehme. Während KEYNES diese Entwicklung auf endogene Erscheinungen, d. h. auf innerwirtschaftliche Veränderungen zurückführte, erhält diese Lehre von der säkularen Depression durch seinen Schüler Alvin HANSEN (geb. 1887) in der Lehre der 'reifen Volkswirtschaft' (mature economy) eine Auslegung, wonach exogene Ursachen für ein längeres Gleichgewicht bei Unterbeschäftigung verantwortlich sind. HANSEN verläßt damit die Keynessche Betrachtung; er stellt ab auf die Entwicklung der Wirtschaft der USA. Durch die im Keynesschen Sinne durchgeführte Politik des 'new deal' war dort nicht die erhoffte Multiplikatorwirkung eingetreten und mit dem Nachlassen fiskalpolitischer Maßnahmen ein erneutes Ansteigen der Arbeitslosenzahl zu verzeichnen. Aufgrund dieses Anschauungsmaterials kommt HANSEN zu der These, die amerikanische Wirtschaft habe jetzt einen Zustand der Reife erlangt, der den Wachstumsprozeß verlangsame und zu einer allgemeinen Abschwächung aus Mangel an Investitionsgelegenheiten führe. Die Ersparnisse würden weiter anwachsen, ohne daß sie gebraucht würden, laufend würde Geld stillgelegt und die Wirtschaft in den Zustand einer säkularen Stagnation geraten. Als Ursache für diese mangelnden Investitionsgelegenheiten einer spätkapitalistischen Wirtschaft nennt HANSEN:

1. den Rückgang des technischen Fortschritts; die großen, kapitalintensiven Erfindungen seien verwirklicht, die Wirtschaft benötige weniger Kapital,
2. die Verlangsamung des Bevölkerungswachstums, was zu einem geringeren Kapitalbedarf für die Ausstattung und Versorgung dieser Bevölkerung führt und
3. das Ende der kapitalistischen Expansion in unterentwickelte Gebiete, speziell auch das Ende der Pionierzeit.

HANSEN glaubt, durch ein verstärktes 'deficit-spending', durch stärkere staatliche Aktivität bei Investitionen und öffentlichen Ausgaben könne dieser Zustand überwunden werden. Das Zeitalter des selbstgelenkten, aus eigenem Antrieb handelnden Kapitalismus sei zu Ende und müsse nun durch einen staatlich gelenkten Kapitalismus ersetzt werden.

Diese, stellenweise starke Anklänge an Rosa LUXEMBURGS Imperialismustheorie aufweisende, pessimistische Theorie HANSENS hat starken Widerspruch hervorgerufen[21]. Alle drei von ihm genannten Gründe lassen sich leicht widerlegen.[22] Der technische Fortschritt — man denke nur an elektronische Datenverarbeitung, Raumfahrt usw. — benötigt mehr Kapital denn je, die Bevölkerungsexplosion in weiten Teilen der Welt hält unvermindert an und die heutigen Entwicklungsländer werden noch für Jahrzehnte Kapitalinvestitionen benötigen.

Weiterführende Literatur:

Hansen, Alvin H., Full Recovery or Stagnation, New York 1938.

—, Economic Policy and Full Employment, New York/London 1947.

Aus der sehr zahlreichen Literatur zu Keynes und dem Keynesianismus kann hier nur eine kurze Auswahl angeführt werden:

Klein, Lawrence R., The Keynesian Revolution, London/New York 1947.

Harrod, Roy Forbes, The Life of John Maynard Keynes, London/New York/Toronto 1951.

Harris, Seymour I. (Hrsg.), The New Economics. Keynes' Influence on Theory and Public Policy, London 1947.

Hansen, Alvin H., A Guide to Keynes, New York 1953 (deutsch: Keynes Ökonomische Lehren: Ein Führer durch sein Hauptwerk, Stuttgart 1959).

Dillard, Dudley, The Influence of Keynesian Economics on Contemporary Thought, in: American Economic Revue, Bd. 47, 1957 (deutsch: Der Einfluß der Keynes'schen Theorie auf das zeitgenössische Denken, in: Montaner, Antonio (Hrsg.), Geschichte der Volkswirtschaftslehre, Köln/Berlin 1967).

Mayer, Hans, John Maynard Keynes' „Neubegründung der Wirtschaftstheorie", in: Lagler, E.; Messner, J. (Hrsg.), Wirtschaftliche Entwicklung und soziale Ordnung, Festschrift für F. Degenfeld-Schonburg, Wien 1952.

[21] Zur Kritik vgl. besonders Kruse, a. a. O., S. 322.

[22] Terborgh, George, The Bogey of Economic Maturity, Chicago 1945; Swanson, Ernst W., Schmidt Emerson P., Economic Stagnation or Progress. A Critique of Recent Doctrines on the Mature Economy, Oversavings, and Deficit Spending, New York 1946.

Hahn, Albert L., Die Grundirrtümer in Lord Keynes' General Theory of Employment, Interest and Money, in: Ordo, Bd. 2, 1949.
Paulsen, Andreas, Neue Wirtschaftslehre, Einführung in die Wirtschaftstheorie von John Maynard Keynes und die Wirtschaftspolitik der Vollbeschäftigung, Berlin/Frankfurt 1950.
Forstmann, Albrecht, Neue Wirtschaftslehren. Theorien und Hypothesen, Berlin 1954.

4. Keynes als Ausgangspunkt weiterer theoretischer Arbeit

Die Jahre nach dem zweiten Weltkrieg sind in der Nationalökonomie durch KEYNES' 'Neue Wirtschaftslehre' geprägt. Ob sie tatsächlich eine Revolution der Wirtschaftstheorie gebracht hat oder lediglich eine Evolution von im Ansatz bereits vorhandenen Gedanken war, mag eine Streitfrage zwischen Keynes-Anhängern und ihren Kritikern bleiben. Sicher ist, daß durch KEYNES theoretische Forschung und Wirtschaftspolitik eng miteinander verknüpft wurden, daß sich Theorie und Praxis, d. h. nationalökonomische Wissenschaft und wirtschaftliche Wirklichkeit einander genähert haben. War durch die vorangegangene Grenzbetrachtung, durch die Analyse von Preisbildungsprozessen und Oligopolmärkten die Theorie mehr und mehr zu einer mikroökonomischen Betrachtung gekommen, so wurde durch KEYNES wieder der Blick zum makroökonomischen Zusammenhang gelenkt. Hier wurde über Wohl und Wehe der Menschen einer Volkswirtschaft entschieden, hier verlangte die Wirtschaftspolitik die Unterstützung der Theorie, hier traten im nationalen geschlossenen wie im internationalen Rahmen Zusammenhänge zutage, die bislang kaum erkannt oder vernachlässigt worden waren.

So knüpfte die Entwicklung einer selbständigen Theorie des wirtschaftlichen Wachstums durch Roy Forbes HARROD (geb. 1900), John Richard HICKS (geb. 1904) und Evsey David DOMAR (geb. 1914) an KEYNES an.[23]

[23] Harrod, Roy Forbes, Towards a Dynamic Economics, London 1948 (dtsch.: Dynamische Wirtschaft, Wien/Stuttgart 1949).

Hatte KEYNES als Folge zusätzlicher Investitionen allein deren Auswirkungen auf das Einkommen ('Einkommenseffekt') betrachtet und die durch solche Investitionen ja auch neu geschaffene Produktionskapazität in seiner kurzfristigen Betrachtung vernachlässigt, weist DOMAR auf diesen 'Kapazitätseffekt' ausdrücklich hin. Langfristig gesehen sei ein gleichwertiges Wachstum einer Volkswirtschaft frei von Störungen nur möglich, wenn das durch Investitionen geschaffene Einkommen genausoviel Nachfrage schaffe, daß damit das durch die zusätzlich gewonnenen Kapazitäten hervorgerufene Angebot aufgenommen werde. Unter Berücksichtigung von Sparneigung und Kapitalproduktivität sucht er die Bedingungen zu ermitteln, die die Wachstumsrate der Nettoinvestitionen bestimmen, ohne daß es zu einer Diskrepanz zwischen Angebot und Nachfrage kommt.

Während DOMAR dabei von autonomen, exogenen Investitionen ausgeht (z. B. über deficit-spending finanzierte öffentliche Investitionen nach dem Keynesschen Modell), untersucht HARROD den Fall, daß die Investitionen von der Einkommensentwicklung bzw. der Sparneigung abhängen. Er benutzt dazu das von Thomas N. CARVER entwickelte und bereits von John B. CLARK angewandte Akzelerationsprinzip, mit dessen Hilfe er zeigt, wie eine bestimmte Einkommensveränderung (= Nachfrageänderung) sich auf die Investitionen auswirkt. Die durch Einkommenssteigerungen ausgelösten Investitionen werden nur dann die Unternehmererwartungen erfüllen, wenn sie so groß sind, daß das geschaffene Mehrangebot tatsächlich auch aufgenommen wird.

SAMUELSON gelingt es in seinem Konjunkturmodell sowohl das Multiplikator-, als auch das Akzelerationsprinzip miteinander so zu verbinden, daß er in der Lage ist, Konjunkturschwankun-

Hicks, John Richard, A Contribution to the Theory of the Trade Cycle, Oxford 1950.

Domar, Evsey David, Capital Expansion, Rate of Growth and Employment, in: Econometrica, Bd. 14, 1946. — Ders., Expansion and Employment, in: American Economic Review, Bd. 37, 1947.

gen zu erklären. Ausgangspunkt ist bei ihm eine autonome Investitionserhöhung, die via Multiplikator eine Erhöhung des Einkommens bewirkt, das seinerseits über die marginale Konsumquote eine höhere Konsumgüternachfrage induziert. Über den Akzelerator tritt dann eine Erhöhung der Nettoinvestitionen ein, die wieder neue Einkommen schaffen und somit erneut einen Aufschwung bewirken.

Hicks kombiniert in seinem Modell die von einer Investition ausgehenden Multiplikatorwirkungen und die von Einkommensänderungen induzierten Investitionen (Integration des Harrod-Wachstumsmodells mit dem Samuelson-Konjunkturmodell); auch die auftretenden Verzögerungen bis zum Einsetzen der Folgewirkungen (time-lags) werden berücksichtigt. Während die autonomen Investitionen für den allgemeinen Wachstumstrend der Wirtschaft bestimmend sind, spielen die induzierten Investitionen beim Entstehen wirtschaftlicher Wechsellagen eine Rolle, die nach Hicks ein Oszillieren um den einmal eingeschlagenen Wachstumpfad der Wirtschaft bedeuten.

Diese „postkeynesianischen" Wachstumsmodelle haben die Keynesschen Überlegungen auf eine dynamische, wachsende Wirtschaft zu übertragen versucht und das Verhalten von Konsum-, Spar- und Investitionsneigung für ein gleichgewichtiges Wachstum analysiert. Sie blieben in ihrer Anlehnung an die Keynessche Lehre, ihrer Realitätsbezogenheit und anderen Annahmen nicht ohne Kritik.[24]

Die einmal aufgegriffene Frage des gesamtwirtschaftlichen Wachstums, seine Bestimmungsgründe und Abhängigkeiten, seine Bedeutung im Zusammenhang mit konjunkturellen Schwankungen, wurde von zahlreichen Theoretikern fortgeführt. So ent-

[24] Vgl. etwa Bombach, Gottfried, Zur Theorie des wirtschaftlichen Wachstums, in: Weltwirtschaftliches Archiv, Bd. 70, 1953.
Oppenländer, Karl-Heinz, Die moderne Wachstumstheorie. Eine kritische Unterstützung der Bausteine der Gleichgewichtskonzeption und der Wirklichkeitsnähe, Berlin/München 1963.

steht eine Gruppe sogenannter „neo-klassischer" Wachstumsmodelle, die an die Prinzipien der vollständigen Konkurrenz, des Zusammenspiels der Produktionsfaktoren und die Grenzproduktivitätstheorie wieder anknüpfen, ohne die Keynessche makroökonomische Betrachtungsweise jedoch völlig aufzugeben. Auch bisher vernachlässigte Größen, so auch der technische Fortschritt, finden nun Eingang in die aufgestellten Wachstumsmodelle. Neben diesen 'reinen' oder 'exakt'-theoretischen Analysen, die in zahlreichen Varianten immer weitere Verfeinerungen erfahren, wird auch versucht, über den „historisch-anschaulichen" Weg die Bestimmungsgründe des Wachstums zu erhellen. So etwa knüpft Walt W. ROSTOW in seiner Stadienlehre wieder an die Stufentheorie der Historischen Schule an, Sigurd KLATT untersucht die Rolle des technischen Fortschritts in einzelnen Sektoren der Wirtschaft u. ä. m. Gerade hier zeigt die Wachstumstheorie, wie eng Theoriengeschichte und Gegenwart verbunden sind, wie schwer eine Grenze zwischen noch lebender, fortbildungsfähiger Theorie und abgeschlossener Historie zu ziehen ist.

Weiterführende Literatur:

Meade, James E., A Neo-Classical Theory of Economic Growth, London/New York 1961.

Robinson, Joan, Essays in the Theory of Economic Growth, London 1962.

Hahn, Matthews, The Theory of Economic Growth, in: Economic Journal, Bd. 71, 1964.

König, Heinz (Hrsg.), Wachstum und Entwicklung der Wirtschaft, Köln/Berlin 1968.

Krelle, Wilhelm (Hrsg.), Theorien des einzelwirtschaftlichen und gesamtwirtschaftlichen Wachstums, Schriften des Vereins für Socialpolitik, N.F., Bd. 34, Berlin 1965.

Bombach, Gottfried, Artikel: Wirtschaftswachstum, in: HdSW, Bd. 12, 1965.

Riese, Hajo, Gleichgewichtswachstum und optimales Wachstum in der neoklassischen Wachstumstheorie, in: Kyklos, Bd. 17, 1964.

Rose, Klaus, Wachstums- und Konjunkturtheorie, in: Jahrbuch f. Sozialw., Bd. 13, 1962.

Rostow, Walt W., The Stages of Economic Growth, Cambridge 1960 (deutsch: Stadien wirtschaftlichen Wachstums, Göttingen 1961).
Lewis, William A., The Theory of Economic Growth, London 1955 (deutsch: Die Theorie des wirtschaftlichen Wachstums, Tübingen/Zürich 1956).
Klatt, Sigurd, Zur Theorie der Industrialisierung, Köln/Opladen 1959.

Auch die Theorie der Außenwirtschaft von Eli F. Heckscher, Gustav Cassel und Bertil Ohlin, von der klassischen Betrachtungsweise mit Hilfe des Prinzips der komparativen Kosten gelöst und auf der Basis einer allgemeinen Gleichgewichtstheorie weiterentwickelt,[25] hat durch die Keynessche Lehre neue Impulse erhalten. So sind die von Konsum- und Beschäftigungsänderung ausgehenden Änderungen der inländischen Nachfrage auf die Zahlungsbilanz untersucht worden. Von Fritz Machlup (geb. 1902) ist das durch Keynes herausgestellte Multiplikatorprinzip auf den Außenhandel übertragen worden, womit ein erster Schritt zur Dynamisierung der Zahlungsbilanztheorie gemacht wurde.[26]

Keynes' Geldlehre findet Eingang in die Weiterentwicklung der Lehre vom Gelde. Er knüpft an die von von Wieser und von Zwiedineck-Südenhorst entwickelte Einkommenstheorie des Geldes an,[27] die den Geldwert aus den Vorgängen innerhalb der Einkommenssphäre ableiten. Auch für Wicksell war die Einkommensverwendung, deren Aufteilungskriterien Keynes weitgehend von ihm übernimmt, entscheidender Bestimmungsfaktor des Geldwertes. Eine Fortwirkung der Keynesschen Gedanken wird dann im Einbau der Kassenhaltungstheorie in die Einkommenstheorie des Geldes sichtbar.[28]

Schließlich ist noch auf die Ausbildung der Kreislaufanalyse hinzuweisen. Der seit François Quesnay (1694—1774) bekannte

[25] Vgl. Caves, Richard E., Trade and Economics Structure, Models and Methodes, Cambridge (Mass.) 1963.

[26] Machlup, Fritz, International Trade and the National Income Multiplier, Philadelphia 1943.

[27] Vgl. S. 35.

[28] Vgl. im einzelnen vor allem bei Stavenhagen, a. a. O., S. 449.

Kreislaufgedanke, der Zusammenhang aller wirtschaftlichen Größen, mußte gerade nach einer Theorie, die makroökonomische Größen in den Mittelpunkt stellte, neue Belebung erfahren.

Wirklichkeitsnahe Erfassung von Volkseinkommen, Konsum, Ersparnissen und anderen Größen wurde mehr und mehr eine zwingende Notwendigkeit, wollte man über die KEYNESschen Theorien hinaus zu wirtschaftspolitischen Vorschlägen in konkreten Situationen kommen. Die Entwicklung der Kreislaufbetrachtung in der Schematisierung einer volkswirtschaftlichen Gesamtrechnung, der Ausbau von Statistik und Ökonometrie sind die weiteren Schritte auf diesem Weg.

REGISTER